講談社 火の鳥 伝記文庫

乱《らん》世《せい》の風《ふう》雲《うん》児《じ》

織《お》田《だ》信《のぶ》長《なが》

楠《くす》木《のき》誠《せい》一《いち》郎《ろう》 文
寺《てら》田《だ》克《かつ》也《や》 カバー絵
藤《ふじ》科《しな》遥《はる》市《いち》 さし絵

はじめに

1467年《ねん》、応仁《おうにん》の乱《らん》が起《お》こり、
室町幕府《むろまちばくふ》が力《ちから》をうしなってからというもの
日本《にっぽん》はみだれに、みだれました。
全国各地《ぜんこくかくち》に武将《ぶしょう》がみずからの国《くに》をつくり、
各地《かくち》でいくさをくりかえしたのです。
これが戦国時代《せんごくじだい》です。
武将《ぶしょう》たちは、明日《あす》を生《い》きぬくために、
となりの国《くに》をほろぼすことだけを考《かんが》えていました。
そんな時代《じだい》に、織田信長《おだのぶなが》は生《う》まれました。
ありとあらゆる常識《じょうしき》をうたがい、
権威《けんい》をものともせず、伝統《でんとう》を打《う》ちやぶる、

信長《のぶなが》はまったく新《あたら》しいタイプの武将《ぶしょう》でした。
やがて、刀《かたな》でたたかっていた武士《ぶし》に銃《じゅう》を持《も》たせ、
鉄《てつ》の軍艦《ぐんかん》をつくり、
奇抜《きばつ》な作戦《さくせん》をくりだす信長《のぶなが》は、
ライバルたちをつぎつぎと打《う》ちたおしていくのです。
そして、信長《のぶなが》は天下統一《てんかとういつ》を目指《めざ》すようになります。
すべての武将《ぶしょう》が自分《じぶん》にひれふし、戦《たたか》いが終《お》わる――。
しかし、信長《のぶなが》は志《こころざし》なかばで亡《な》くなってしまうのです。
その志《こころざし》は、みずからが育《そだ》てた豊臣秀吉《とよとみひでよし》、徳川家康《とくがわいえやす》へと受《う》けつがれ、
新《あたら》しい日本《にっぽん》を生《う》みだす原動力《げんどうりょく》となっていきました。
戦国時代《せんごくじだい》に突如《とつじょ》あらわれ、いくさに明《あ》けくれながら、
太平《たいへい》の世《よ》へとつづく道《みち》をひらいた織田信長《おだのぶなが》。
その短《みじか》くも、はげしくもえた人生《じんせい》をたどってみましょう。

もくじ

4 人間《にんげん》五十年《ねん》、下天《げてん》のうちを

1 天下布武《てんかふぶ》への道《みち》

うつけ者《もの》

声《こえ》が聞《き》こえてくる。

――「あれが、この那古野《なごや》（のちの名古屋《なごや》）城《じょう》の若殿《わかとの》か。」

――「織田《おだ》さまも、あんな跡取《あとと》りじゃ気《き》のどくじゃ。」

――「むりじゃ、むりじゃ。あんな、うつけ者《もの》が織田家《おだけ》の跡取《あとと》りになれるわけがなかろう。」

うつけ者《もの》――まぬけ、おろか者《もの》、という意味《いみ》だ。

着物《きもの》の袖《そで》をはずし、帯《おび》には縄《なわ》でしばった刀《かたな》、そして髪《かみ》を茶筅髷《ちゃせんまげ》［1］にゆった織田《おだ》信長《のぶなが》は道《みち》のまんなかを歩《ある》きながら、声《こえ》がしたほうを、ちらっと見《み》た。

かぶりついている柿《かき》の実《み》の果汁《かじゅう》がついた口《くち》を、泥《どろ》だらけの手《て》の甲《こう》でぬぐう。かえって顔《かお》がよごれた。

――「きたない跡取《あとと》りじゃ。」

――「これ、見《み》るな。目《め》を合《あ》わせちゃいかん。」

――「けんかをふっかけられるかもしれんぞ。」

ひそひそ話《ばなし》をしていた町《まち》の者《もの》たちが、目《め》をそらして去《さ》っていった。

また柿《かき》にかぶりついた信長《のぶなが》は、のしのし歩《ある》きはじめた。

天文《てんぶん》3（1534）年《ねん》5月《がつ》12日《にち》[2]、信長《のぶなが》は、尾張《おわり》の国《くに》（現在《げんざい》の愛知県西部《あいちけんせいぶ》）守護代《しゅごだい》の家老《かろう》、勝幡城主《しょばたじょうしゅ》の織田信秀《おだのぶひで》と正室《せいしつ》の土田御前《どたごぜん》の長男《ちょうなん》として生《う》まれた。

幼名《ようめい》は吉法師《きっぽうし》といった。

信長《のぶなが》が生《う》まれた家《いえ》は、地元《じもと》の織田家《おだけ》の本家《ほんけ》というわけではなかったが、本家《ほんけ》をしのぐほどの勢力《せいりょく》があり、財力《ざいりょく》にもめぐまれていた。

信長《のぶなが》は10歳前後《さいぜんご》のころ、父信秀《ちちのぶひで》からあたえられた那古野城《なごやじょう》の城主《じょうしゅ》となった。信長《のぶなが》を跡《あと》つぎにするため、おさないころから城主《じょうしゅ》の地位《ちい》につけ、人《ひと》の上《うえ》に立《た》つための「帝王学《ていおうがく》」を学《まな》ばせたかったのかもしれない。

だが、そんな父親《ちちおや》の望《のぞ》みとは裏腹《うらはら》に、信長《のぶなが》は外《そと》に出《で》ては、身分《みぶん》のひくい商家《しょうか》や農家《のうか》の子《こ》たちと泥《どろ》だらけになって遊《あそ》ぶ日々《ひび》を送《おく》っていた。

今朝《けさ》も城《しろ》を出《で》るとき、おさないころから信長《のぶなが》の傅役《もりやく》として、教育《きょういく》を担当《たんとう》している平手政秀《ひらてまさひで》から言《い》われた。

「吉法師《きっぽうし》さま、すでに昨年《さくねん》、元服《げんぷく》されたのですぞ！　ですから城下町《じょうかまち》の子《こ》らと遊《あそ》ぶのはおやめなさいませ！　しかも、もうすぐ初陣《ういじん》なのですぞ！　ご自分《じぶん》の立場《たちば》をお考《かんが》え

［1］後頭部《こうとうぶ》で髪《かみ》をたばね、ひもでまきあげた髪形《かみがた》。まきあげた先《さき》から髪《かみ》があふれている形《かたち》が、茶筅《ちゃせん》という茶道具《ちゃどうぐ》に似《に》ていることから名《な》づけられた。

［2］信長《のぶなが》の誕生日《たんじょうび》は、ルイス・フロイスが書《か》いた『日本史《にほんし》』にもとづく5月《がつ》12日《にち》が一般《いっぱん》的《てき》である。けれども、軍記物語《ぐんきものがたり》『土岐斎藤物語《ときさいとうものがたり》』に記《しる》された5月《がつ》28日《にち》など諸説《しょせつ》がある。

くださいませ！」

政秀《まさひで》は、信長《のぶなが》と一対一《たい》のときは幼名《ようめい》の「吉法師《きっぽうし》」でよんだ。そのほうがなれているからだ。

「じい。うるさい！」

「うるさくしとうもなりまする！　だから、みなから……。」

政秀《まさひで》は、そこで言葉《ことば》を止《と》めた。

「『うつけ者《もの》』とよばれていることなら気《き》にするな。――どうせ、わしは、うつけ者《もの》ゆえな。」

城下《じょうか》の者《もの》たちに「うつけ者《もの》」といわれていること、それだけではない、家臣《かしん》たちからも「うつけ者《もの》」といわれていることは、信長《のぶなが》も知《し》っていた。

父親《ちちおや》がのぞむとおり、よい子《こ》でいるほうが楽《らく》なことはわかっていた。

だがイヤだった。自分《じぶん》に正直《しょうじき》に生《い》きたかった。それだけなのだ。

政秀《まさひで》が、こわい顔《かお》をした。

「吉法師《きっぽうし》さま！　ご自分《じぶん》がうつけ者《もの》でないことをわかっているのに、なにをおっしゃるのです！」

「もう、じいの小言《こごと》は聞《き》きあきた。」

「吉法師《きっぽうし》さま！」

信長《のぶなが》は、政秀《まさひで》が止《と》めるのも聞《き》かずに城《しろ》をとびだした。

そして、城下町《じょうかまち》の子《こ》どもたちといっしょに遊《あそ》んでいる途中《とちゅう》ではらがへり、柿《かき》の木《き》に登《のぼ》って柿《かき》の実《み》をもいできたのだ。枝《えだ》が折《お》れて地面《じめん》にたたきつけられ、泥《どろ》だらけになったが。

「家々《いえいえ》に火《ひ》を放《はな》て！」

馬《うま》に乗《の》った、紅筋《くれないすじ》の頭巾《ずきん》、陣羽織姿《じんばおりすがた》の信長《のぶなが》は、つきしたがう家臣《かしん》たちに声《こえ》をかけた。

信長《のぶなが》の初陣《ういじん》だった。

天文《てんぶん》16（1547）年《ねん》のこと。

細《こま》かい月日《つきひ》はわかっていないが、どこでいくさをしたかはわかっている。尾張《おわり》の国《くに》から東《ひがし》の三河《みかわ》の国《くに》（現在《げんざい》の愛知県中《あいちけんちゅう》・東部《とうぶ》）の吉良《きら》（現在《げんざい》の西尾市《にしおし》）、大浜《おおはま》（現在《げんざい》の碧南市《へきなんし》）方面《ほうめん》。

対《たい》する敵《てき》は今川軍《いまがわぐん》の一部《いちぶ》だった。

織田軍《おだぐん》は800ほど、今川軍《いまがわぐん》は2000~3000ほど。

駿河《するが》の国《くに》（現在《げんざい》の静岡県中央部《しずおかけんちゅうおうぶ》）から遠江《とおとうみ》の国《くに》（現在《げんざい》の静岡県西部《しずおかけんせいぶ》）にかけて領国《りょうごく》にしていた今川義元《いまがわよしもと》の家臣《かしん》が、西《にし》の三河《みかわ》の国《くに》をうばおうと、たびたび兵《へい》を進《すす》めてきていたのだ。

そのころの三河《みかわ》の国《くに》は、松平氏《まつだいらし》など、大名以下《だいみょういか》の国人領主《こくじんりょうしゅ》［3］が土地《とち》をうばいあっていた。そこに、今川氏《いまがわし》をはじめ織田氏《おだし》など、周辺諸国《しゅうへんしょこく》の大名《だいみょう》が勢力《せいりょく》をのばしてきていたのだ。

信長《のぶなが》の初陣《ういじん》は、織田《おだ》もねらっている三河《みかわ》の国《くに》に、東《ひがし》から今川氏《いまがわし》がせめてきたことに

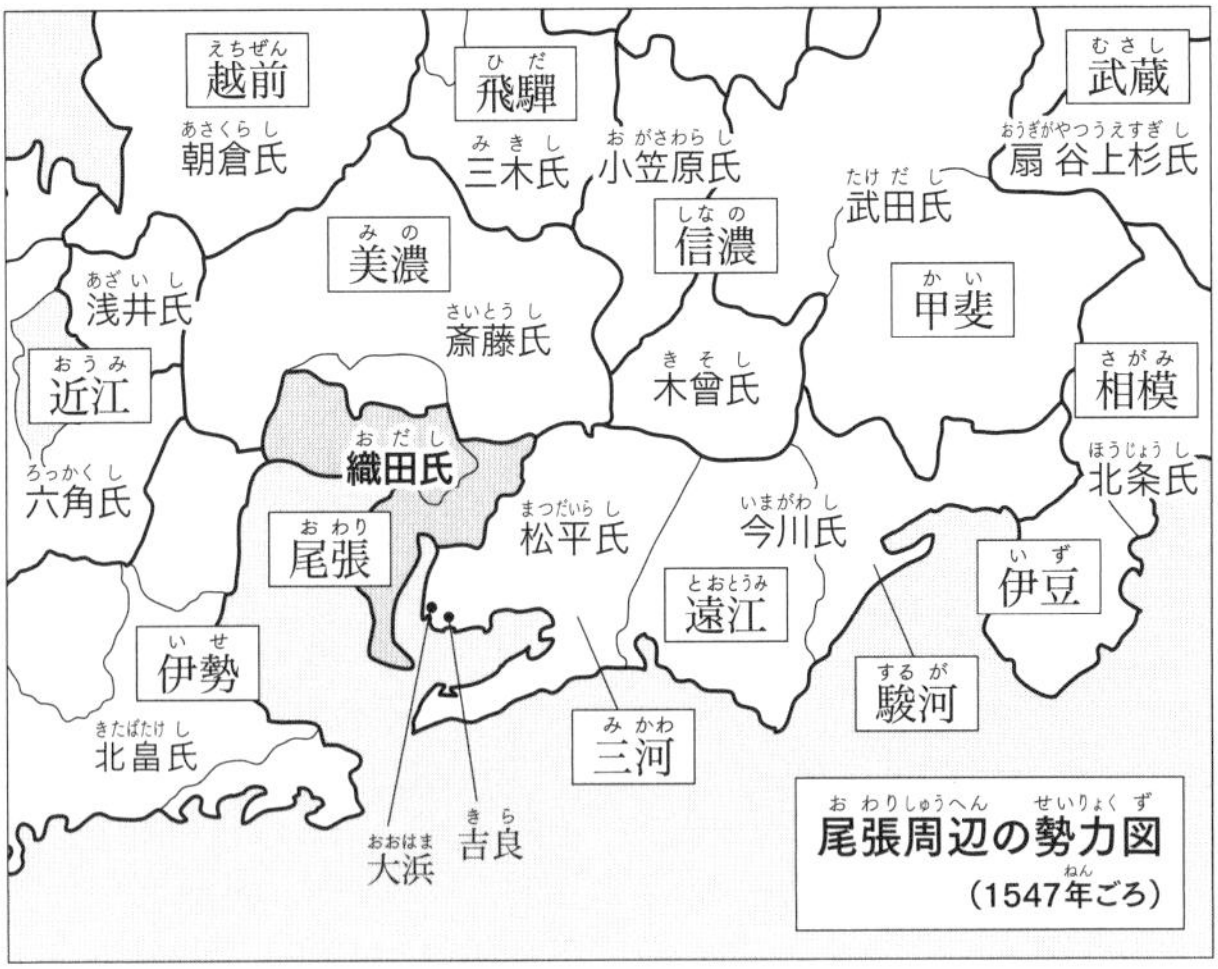

対抗《たいこう》するためのものだった。

出陣《しゅつじん》するとき、傅役《もりやく》の平手政秀《ひらてまさひで》らは反《はん》対《たい》した。

「信長《のぶなが》さま！　敵《てき》のほうが兵力《へいりょく》に勝《まさ》っております！　こたびは中止《ちゅうし》にされたほうがよろしゅうございます！」

ほかの家臣《かしん》もいるため、政秀《まさひで》はいつもの「吉法師《きっぽうし》」ではなく「信長《のぶなが》」とよんだ。

初陣《ういじん》では、勝《か》つとわかっているいくさをえらぶのが常《つね》だった。初陣《ういじん》で負《ま》けてしまったら、ケチがついてしまうからだ。

「勝《か》つとわかっているいくさをして、な

にがおもしろいというのだ。しかも今日《きょう》は風《かぜ》がある。今日《きょう》をのがすわけにはいかん！」

聞《き》く耳《みみ》をもたない信長《のぶなが》は、政秀《まさひで》らの反対《はんたい》をおしきって出陣《しゅつじん》した。風《かぜ》の強《つよ》い日《ひ》だからこそ、出陣《しゅつじん》しなければならない理由《りゆう》があったのだ。

つねづね、いくさには効率《こうりつ》のよさが必要《ひつよう》だと思《おも》っていた。やみくもにせめこむのではなく、天候《てんこう》を見《み》て、最善《さいぜん》の策《さく》を考《かんが》えなければならない……。信長《のぶなが》は、三河国内《みかわこくない》の吉《き》良《ら》、大浜《おおはま》のあちこちに火《ひ》を放《はな》った。火《ひ》は、風《かぜ》で勢《いきお》いよく広《ひろ》がった。

敵《てき》をおびやかした信長一行《のぶながいっこう》は野営《やえい》し、翌日《よくじつ》、那古野城《なごやじょう》に帰《かえ》った。

城《しろ》にぶじたどりついたとき、政秀《まさひで》が安堵《あんど》のため息《いき》をつきながら小声《こごえ》で言《い》った。

「吉法師《きっぽうし》さま、ぶじに帰城《きじょう》できましたからよろしかったようなものの、もしやぶれていたらどうなっておりましたか……。」

「じい、『もし』などと言《ゆ》うておったら、いくさはできん。どんな勝《か》ちいくさと思《おも》うても、やぶれるときはやぶれる。」

初陣《ういじん》した年《とし》の夏《なつ》。

信長《のぶなが》が那古野城《なごやじょう》郊外《こうがい》の川《かわ》で釣《つ》りをしていると、6歳《さい》くらいの、ちょっとぼうっとした男《おとこ》の子《こ》が近《ちか》づいてきて、川面《かわも》をのぞきこんだ。

よごれていない上等《じょうとう》な着物《きもの》や草履《ぞうり》などから見《み》て、武家《ぶけ》の子《こ》らしかった。

「なにをしているの？」

「見《み》て、わからぬか。釣《つ》りじゃ。」

「釣《つ》りとは、楽《たの》しいものですか。」

「楽《たの》しいか、楽《たの》しくないかは、自分《じぶん》でやって考《かんが》えろ。他人《たにん》に聞《き》くことではない。ちがうか？」

［3］幕府《ばくふ》が守護《しゅご》として派遣《はけん》した領主《りょうしゅ》ではなく、先祖代々《せんぞだいだい》住《す》む土地《とち》で力《ちから》をもち、住民《じゅうみん》を支《し》配《はい》した領主《りょうしゅ》。国衆《くにしゅう》ともいう。

男《おとこ》の子《こ》がこくりとうなずいたので、信長《のぶなが》は予備《よび》の竿《さお》をわたした。

「おまえも、やれ。」

となりにすわって糸《いと》をたらす男《おとこ》の子《こ》に、信長《のぶなが》はたずねた。

「名《な》は、なんと申《もう》す。」

「竹千代《たけちよ》です。」

「どこの家《いえ》の子《こ》だ。織田《おだ》の一族《いちぞく》か。」

「いえ。松平《まつだいら》です。」

「聞《き》いたことないな。」

「そういうあなたは？」

「織田信長《おだのぶなが》じゃ。」

「信長《のぶなが》!?」

「知《し》っておるのか。」

男《おとこ》の子《こ》は、すこしおしだまった。

「かまわん、言《い》え。」

「信長《のぶなが》さまは『うつけ者《もの》』と……。」

「それは、人《ひと》から聞《き》いたことであろう。」

「はい。」

「わしが『うつけ者《もの》』に見《み》えるか。」

「見《み》えます。」

信長《のぶなが》はわらった。

「気《き》に入《い》った。――竹千代《たけちよ》、おまえは、これより、わしの子分《こぶん》だ。ともに遊《あそ》ぼう。」

「はい！」

「よい返事《へんじ》だ。」

松平竹千代《まつだいらたけちよ》――のちの徳川家康《とくがわいえやす》だ。

なぜ家康《いえやす》がこんなところにいるのか。

戦国時代《せんごくじだい》、武将同士《ぶしょうどうし》が同盟《どうめい》をむすぶ場合《ばあい》、おたがいに、もしくは立場《たちば》の弱《よわ》いほうから人質《ひとじち》が送《おく》られる風習《ふうしゅう》があった。

今川義元《いまがわよしもと》と松平広忠《まつだいらひろただ》の間《あいだ》でも同盟《どうめい》がむすばれ、広忠《ひろただ》の子《こ》竹千代《たけちよ》が人質《ひとじち》として送《おく》られることになっていた。だが、義元《よしもと》の命令《めいれい》で竹千代《たけちよ》を送《おく》りとどける役目《やくめ》を負《お》った戸田康光《とだやすみつ》がうらぎり、今川家《いまがわけ》ではなく織田信秀《おだのぶひで》のもとに竹千代《たけちよ》をとどけてしまったのだ。

その竹千代《たけちよ》のにぎる竿《さお》からたれた糸《いと》が、ぐぐっと動《うご》いた。

「竹千代《たけちよ》、かかったぞ。」

「どうすればいいの？」

竹千代《たけちよ》がおどおどする。

「いきなり引《ひ》こうとするな。時《とき》を待《ま》つのだ。かといって待《ま》ちすぎてもいかん。」

「むずかしい……。」

「ただの遊《あそ》びと思《おも》うな。これは、おまえと魚《さかな》とのいくさじゃ。」

「はい！」

「竿《さお》をすこしおろし、ゆるめろ。魚《さかな》が安心《あんしん》したところを引《ひ》くのだ。」

「はい。」

竹千代《たけちよ》が真剣《しんけん》な顔《かお》で水面《みなも》を見《み》つめる。

たれた糸《いと》がすこししずみ、水面《みなも》に輪《わ》が広《ひろ》がった。

信長《のぶなが》は、竹千代《たけちよ》に号令《ごうれい》をかけた。

「竹千代《たけちよ》、いまだ！」

竹千代《たけちよ》が竿《さお》を引《ひ》いた。

ぴんとはった糸《いと》の先《さき》に、大《おお》きな鯉《こい》が1匹《ぴき》かかっていた。

「信長《のぶなが》さま！　やりました！」

「でかしたぞ、竹千代《たけちよ》！」

信長《のぶなが》との初対面《しょたいめん》から2年後《ねんご》、今川方《いまがわがた》にとらえられていた織田信広《おだのぶひろ》(信秀《のぶひで》の側室《そくしつ》の子《こ》、信長《のぶなが》の兄《あに》)と人質交換《ひとじちこうかん》により、竹千代《たけちよ》は今川義元《いまがわよしもと》のもとに送《おく》られることになる。

織田家《おだけ》で人質《ひとじち》としてすごしたあいだ、竹千代《たけちよ》を子分《こぶん》として遊《あそ》びまわったことが、のちの信長《のぶなが》と家康《いえやす》との同盟《どうめい》につながることになった。このとき信長《のぶなが》は、この少年《しょうねん》が大大《だいだい》名《みょう》に成長《せいちょう》するとは思《おも》ってもいなかったにちがいない。

マムシの娘《むすめ》

「そなた、名《な》はなんと申《もう》す。」

織田信長《おだのぶなが》は、目《め》の前《まえ》で平伏《へいふく》している娘《むすめ》に声《こえ》をかけた。

父《ちち》の信秀《のぶひで》が、敵対《てきたい》していた美濃《みの》の国《くに》（現在《げんざい》の岐阜県南部《ぎふけんなんぶ》）の斎藤道三《さいとうどうさん》と和睦《わぼく》。その証《あかし》として、道三《どうさん》の娘《むすめ》が信長《のぶなが》のもとに嫁《とつ》いできたのだ。

斎藤道三《さいとうどうさん》はもともと僧侶《そうりょ》の出身《しゅっしん》だった。身分《みぶん》がひくい者《もの》が高《たか》い者《もの》をたおす下剋上《げこくじょう》のすえに大名《だいみょう》にまでなった男《おとこ》だ。のちの世《よ》に「美濃《みの》のマムシ」ともよばれるほど、おそれられていたらしい。

信長《のぶなが》が正室《せいしつ》（正妻《せいさい》）をむかえたのは、天文《てんぶん》17（1548）年《ねん》のことだ。初陣《ういじん》のときと同《おな》じく、月日《つきひ》は明《あき》らかになっていない。信長《のぶなが》は弱冠《じゃっかん》15歳《さい》にすぎなかった。

実際《じっさい》に対面《たいめん》するまで、信長《のぶなが》は、嫁《よめ》の名《な》も、顔《かお》も知《し》らなかったのだ。

現代《げんだい》の常識《じょうしき》からすれば信《しん》じられないかもしれないが、結婚《けっこん》するまで当人《とうにん》たちは相手《あいて》の顔《かお》も知《し》らないのが普通《ふつう》だった。武家《ぶけ》の世界《せかい》では、

「帰蝶《きちょう》と申《もう》します。」

信長《のぶなが》の正室《せいしつ》の、ほんとうの名《な》はわかっていない。

信長《のぶなが》のそばに仕《つか》える右筆《ゆうひつ》（記録係《きろくがかり》）が書《か》いた伝記《でんき》『信長公記《しんちょうこうき》』には、道三《どうさん》の「息女《そくじょ》」としか書《か》かれていない。

『絵本太閤記《えほんたいこうき》』という軍記物語《ぐんきものがたり》に「濃姫《のうひめ》」とあることから、そうよばれてきたが、これは「美濃《みの》の国《くに》から来《き》た姫《ひめ》」を意味《いみ》しているだけで名前《なまえ》らしくない。

「帰蝶《きちょう》」というのは、美濃《みの》の国《くに》について書《か》かれた江戸時代《えどじだい》の史料《しりょう》に登場《とうじょう》するものだが、これもたしかな保証《ほしょう》はない。

「よい名《な》じゃ。」

「信長《のぶなが》さまは……ほんとうに、うつけ者《もの》でございますか。」

顔《かお》をあげた帰蝶《きちょう》が、信長《のぶなが》の顔《かお》をじっと見上《みあ》げてきた。

帰蝶《きちょう》は、美人《びじん》だが、勝ち気《き》な目《め》、そして顔《かお》つきをしていた。

信長《のぶなが》は、はじめて徳川家康《とくがわいえやす》と会《あ》ったときを思《おも》いだしていた。

そして、ひざをたたいてわらった。

「わははは。気《き》に入《い》った。」

「それは、ようございました。気《き》に入《い》っていただけませぬと、わたくしがさしだされた意味《いみ》がございませぬもの。」

「わしのことは、どうじゃ。」

「どう、とは?」

「うつけ者《もの》であったか。」

「まだ、わかりませぬ。」

そう言《い》って、帰蝶《きちょう》は小《ちい》さくわらった。

信長《のぶなが》は、そんな率直《そっちょく》な帰蝶《きちょう》が気《き》に入《い》り、人生《じんせい》の節目《ふしめ》節目《ふしめ》で相談《そうだん》できる、よき同志《どうし》のような正室《せいしつ》となった……はずだ。

はずだ、というのには理由《りゆう》がある。

帰蝶《きちょう》のその後《ご》のことがはっきりわかっていないのだ。

早々《そうそう》に離縁《りえん》して美濃《みの》の国《くに》に帰《かえ》ったという説《せつ》もあれば、早《はや》くに亡《な》くなったという説《せつ》、信長《のぶなが》の最期《さいご》のとき本能寺《ほんのうじ》にいたという説《せつ》、そして本能寺《ほんのうじ》からにげたという説《せつ》、本能寺《ほんのうじ》で死《し》んだという説《せつ》、信長《のぶなが》の死後《しご》も長生《ながい》きしたという説《せつ》など、さまざま。そのひとつひとつの説《せつ》に、帰蝶《きちょう》のその後《ご》の人生《じんせい》が物語《ものがた》られている、といってもいい。


袴《はかま》もはかず、縄《なわ》でしばった刀《かたな》を帯《おび》にさし、茶筅髷《ちゃせんまげ》にゆった、いつもの姿《すがた》の信長《のぶなが》が立《た》っていた。目《め》の前《まえ》には、喪服姿《もふくすがた》の者《もの》たちがずらりとならび、正面《しょうめん》には、経《きょう》を読《よ》む僧侶《りょ》たちの背中《せなか》があった。

僧侶《そうりょ》たちの手前《てまえ》には、台《だい》があり、位牌《いはい》、抹香《まっこう》［4］の入《はい》った器《うつわ》がおかれている。

帰蝶《きちょう》を正室《せいしつ》にむかえて4年後《ねんご》の天文《てんぶん》21（1552）年《ねん》、父信秀《ちちのぶひで》がはやり病《やまい》にかかって急死《きゅうし》したのだ。[5]

この万松寺《ばんしょうじ》で葬儀《そうぎ》がとりおこなわれている。

葬儀《そうぎ》に参列《さんれつ》している親族《しんぞく》、親戚《しんせき》、家臣《かしん》たちがしんと静《しず》まった。みなの視線《しせん》が信長《のぶなが》に集《あつ》まっている。

すぐに、ひそひそ声《ごえ》がしはじめる。

――「父親《ちちおや》の葬儀《そうぎ》というに、なんだ、あのかっこうは。」

――「やはり、うつけ者《もの》は、うつけ者《もの》。すくいようがない。」

信長《のぶなが》は大股《おおまた》で歩《ある》いていくと、器《うつわ》の中《なか》の抹香《まっこう》を手《て》いっぱいにつかみとった。

また、しんと静《しず》まる。

信長《のぶなが》は、父信秀《ちちのぶひで》の法号《ほうごう》（死者《ししゃ》におくられる名《な》）が書《か》かれた位牌《いはい》に向《む》かって、つかんだ

[4] 死者《ししゃ》や仏《ほとけ》さまをおがむとき、仏壇《ぶつだん》や位牌《いはい》の前《まえ》でたく粉末《ふんまつ》の香料《こうりょう》。
[5] 信秀《のぶひで》の没年《ぼつねん》については、ほかに天文《てんぶん》18年説《ねんせつ》、天文《てんぶん》20年説《ねんせつ》もある。

抹香《まっこう》を投《な》げつけた。

抹香《まっこう》があたりに散《ち》り、舞《ま》った。

沈黙《ちんもく》ののち、参列者《さんれつしゃ》が騒然《そうぜん》とし、信長《のぶなが》を罵倒《ばとう》する声《こえ》がつづいた。

――「なんということを！」

――「罰当《ばちあ》たりめ！」

――「それでも人《ひと》の子《こ》か！」

――「信秀《のぶひで》さまがお悲《かな》しみになるぞ！」

信長《のぶなが》は、位牌《いはい》をにらみつけると、回《まわ》れ右《みぎ》をして、歩《ある》きはじめた。

すぐさま、傅役《もりやく》の平手政秀《ひらてまさひで》がかけよってきた。

「信長《のぶなが》さま！　自分《じぶん》がなにをなさったか、おわかりですか！」

「じい、わかっておる。」

「いや！　わかっておられませぬ！」

政秀《まさひで》は、いまにもつかみかかってきそうな勢《いきお》いだった。

信長《のぶなが》は、政秀《まさひで》の目《め》を見《み》た。

いまの思《おも》いを政秀《まさひで》にぶつけたほうがいいかもしれないと思《おも》いながら……できなかった。

政秀《まさひで》をふりきるように、本堂《ほんどう》を背《せ》に、信長《のぶなが》は歩《ある》きはじめた。

（じい、すまん。わしは、父上《ちちうえ》に急《きゅう》に死《し》なれ、まだ心《こころ》の整理《せいり》がついておらんのだ。父《ちち》上《うえ》の死《し》を受《う》けいれられておらんのだ。急《きゅう》に死《し》んだ父上《ちちうえ》のことがにくい、いや、歯《は》がゆいのだ。たのむ、いまは、放《ほう》っておいてくれ。そっとしておいてくれ。）

だが、このとき、政秀《まさひで》に思《おも》いをぶつけなかったことを、信長《のぶなが》はすぐに後悔《こうかい》することになる……。


翌天文《よくてんぶん》22（1553）年閏《ねんうるう》1月《がつ》13日《にち》のこと。

家臣《かしん》のひとりが血相《けっそう》をかえて、信長《のぶなが》をよびにきたのだ。

「お館《やかた》さま！　平手殿《ひらてどの》が！　平手殿《ひらてどの》が！」

信長《のぶなが》は、家臣《かしん》に案内《あんない》されるまま、ひとつの部屋《へや》の障子《しょうじ》を開《あ》けた。

白装束姿《しろしょうぞくすがた》で切腹《せっぷく》してはてた平手政秀《ひらてまさひで》の背中《せなか》が見《み》えた。

「じい……。」

信長《のぶなが》はかけよるなり、政秀《まさひで》の肩《かた》をつかんでゆすったが、その体《からだ》からは温《ぬく》もりがうしなわれていた。

信長《のぶなが》はさけんだ。

「父上《ちちうえ》だけでなく、なにゆえ、じいも逝《い》ってしまうのだ！　わしを見《み》すてるつもりか！　わしはどうすればいいのだ！」

信長《のぶなが》のほおになみだがつたった。

（人《ひと》は人《ひと》に対《たい》し、言《い》うべきときに言《い》っておかなければならないな……。）

信長《のぶなが》は後悔《こうかい》した。

信長《のぶなが》は、政秀《まさひで》の声《こえ》を聞《き》いたような気《き》がしていた。

──「信秀《のぶひで》さま亡《な》きいま、吉法師《きっぽうし》さまが当主《とうしゅ》。当主《とうしゅ》ならば当主《とうしゅ》らしく、強《つよ》くなられませ。そして、わかっておりますぞ。吉法師《きっぽうし》さまはいくさのない世《よ》をおつくりになりたいのでございましょう。どうか、じいの遺言《ゆいごん》と思《おも》い、吉法師《きっぽうし》さま、いや信長《のぶなが》さまの手《て》で、みなのためにいくさのない世《よ》をおつくりくださいませ。」

平手政秀《ひらてまさひで》の死《し》は、うつけ者《もの》の信長《のぶなが》をいさめる死《し》だとされている。どこまでほんとうなのかわからないが、父信秀《ちちのぶひで》の急死《きゅうし》、政秀《まさひで》の自死《じし》が信長《のぶなが》にあたえた影響《えいきょう》はあまりに大《おお》きかった。

政秀《まさひで》の死《し》から3か月後《げつご》、天文《てんぶん》22（1553）年《ねん》4月下旬《がつげじゅん》。

美濃《みの》の国《くに》をおさめる斎藤道三《さいとうどうさん》は、尾張《おわり》の国富田《くにとみだ》にある正徳寺《しょうとくじ》（聖徳寺《しょうとくじ》とも）で織田《おだ》信長《のぶなが》と会見《かいけん》すべく待《ま》っていた。

道三《どうさん》のほうから、「会《あ》いたい」と申《もう》しいれたのだ。

帰蝶《きちょう》を嫁入《よめい》りさせた相手《あいて》、信長《のぶなが》がうつけ者《もの》とのうわさが立《た》っていたからだ。

約束《やくそく》の時間《じかん》より早《はや》く到着《とうちゃく》した道三《どうさん》は、正装《せいそう》させた家来《けらい》700～800人《にん》を寺《てら》の本堂《ほんどう》前《まえ》にならばせたうえで、自分《じぶん》は町《まち》はずれの小屋《こや》にひそんで、やってくる信長《のぶなが》を観察《かんさつ》するつもりでいた。

そこへ馬《うま》に乗《の》った茶筅髷《ちゃせんまげ》の信長《のぶなが》が通《とお》りかかった。

顔《かお》はあせばみ、よごれ、着物《きもの》の袖《そで》をはずし、帯《おび》には縄《なわ》でしばった刀《かたな》の大小《だいしょう》、火打《ひう》ち石《いし》と火口《ほくち》の入《はい》った火打《ひう》ち袋《ぶくろ》、ひょうたんを7つ、8つ、ぶらさげ、虎皮《とらがわ》と豹皮《ひょうがわ》をはぎあわせた半袴姿《はんばかますがた》。

「うわさどおりだな。うつけ者《もの》めが。」

だが、次《つぎ》の瞬間《しゅんかん》、道三《どうさん》は目《め》をうたがった。

信長《のぶなが》の後《うし》ろにつづく家来《けらい》たちの数《かず》は、道三《どうさん》がつれたのと同《おな》じ700~800人《にん》。しかも、3間半《げんはん》(約《やく》6・4メートル)の朱《しゅ》の長槍《ながやり》が500本《ぽん》に、弓《ゆみ》と鉄砲合《てっぽうあ》わせて500ちょう。

まさに大軍団《だいぐんだん》を引《ひ》きつれているのだ。

うつけ者《もの》の姿《すがた》と統制《とうせい》のとれた大軍団《だいぐんだん》に、道三《どうさん》はみょうな違和感《いわかん》をおぼえていた。その違和感《いわかん》がなんなのか、道三《どうさん》はすぐにわかることになる。

先回《さきまわ》りして正徳寺《しょうとくじ》で待《ま》っていると、すぐに信長《のぶなが》が姿《すがた》をあらわした。

道三《どうさん》は、またしても、わが目《め》をうたがった。

そこに、きみょうな姿《すがた》の信長《のぶなが》はいなかったのだ。

信長《のぶなが》は、きちんと正装《せいそう》していた。しかも顔《かお》にあせはなく、きれいにぬぐっている。

そもそも端整《たんせい》な顔立《かおだ》ちのため、見《み》ちがえるようにりっぱな織田家当主《おだけとうしゅ》となっていた。

日《ひ》ごろの奇行《きこう》はいつわりだったのか……信長《のぶなが》め。

信長《のぶなが》が深々《ふかぶか》と頭《あたま》をさげる。

「織田信長《おだのぶなが》にございます。義父上《ちちうえ》にお目《め》にかかれ、光栄《こうえい》にぞんじまする。」

「帰蝶《きちょう》は息災《そくさい》か。」

「元気《げんき》すぎてこまります。」

「わははは。」

道三《どうさん》の脳裏《のうり》に勝《か》ち気《き》な娘《むすめ》の顔《かお》がうかんだ。うつけ者《もの》とうわさの信長《のぶなが》に嫁《とつ》がせて、は

たしてどうなることかと思《おも》っていたが、とりこし苦労《ぐろう》だったようだ。

会見《かいけん》をすませてからの帰《かえ》り道《みち》。家臣《かしん》のひとりが言《い》った。

「やはり、信長《のぶなが》はうつけ者《もの》でしたな。」

「なにを申《もう》す。おまえの目《め》は節穴《ふしあな》か。わしの子《こ》どもたち、そのまた家臣《かしん》たちは、いずれ、あのうつけ者《もの》の家来《けらい》になりさがるにちがいない。」

「まさか……。」

この道三《どうさん》の予言《よげん》は的中《てきちゅう》することになる。

会見《かいけん》から3年後《ねんご》の弘治《こうじ》2（1556）年《ねん》4月《がつ》、道三《どうさん》は、わが子《こ》の斎藤義龍《さいとうよしたつ》と、跡《あと》つぎを争《あらそ》い長良川《ながらがわ》でたたかうこととなった。いくさの結果《けっか》、道三《どうさん》は敗死《はいし》してしまう。

信長《のぶなが》は、道三《どうさん》を救援《きゅうえん》するために、そのころすでにこしていた居城《きょじょう》、清須城《きよすじょう》（愛知県《あいちけん》清須市《きよすし》。清洲城《きよすじょう》とも書《か》く）からかけつけたがまにあわず、しかたなく帰国《きこく》することになる。

道三《どうさん》亡《な》きあと、信長《のぶなが》は、義龍《よしたつ》がおさめる美濃《みの》の国《くに》にたびたびせめいった。

いっぽう、尾張国内《おわりこくない》は、父信秀《ちちのぶひで》の死後《しご》、ゆれにゆれていた。

家臣《かしん》たちにそそのかされ、織田家《おだけ》をついだ信長《のぶなが》にとってかわろうとした弟《おとうと》の信行《のぶゆき》がたびたび反乱《はんらん》を起《お》こしていたのだ。

そんなころ、ひとりの男《おとこ》が信長《のぶなが》に面会《めんかい》を申《もう》しでてきた。

柴田勝家《しばたかついえ》――弟信行《おとうとのぶゆき》の家臣《かしん》だ。

「織田家《おだけ》のため、あえて、お兄上《あにうえ》、信長《のぶなが》さまにご注進申《ちゅうしんもう》しあげます。」

「なんだ。」

「わがあるじ、信行《のぶゆき》さまが……。」

信行《のぶゆき》が謀反《むほん》を起《お》こしたという知《し》らせだった。

信長《のぶなが》は、永禄《えいろく》1（1558）年《ねん》、斎藤義龍《さいとうよしたつ》と手《て》をむすんだ、一族《いちぞく》の織田信賢《おだのぶかた》をいくさでやぶると、さらに、信賢《のぶかた》と手《て》を組《く》んでいた信行《のぶゆき》を清須城《きよすじょう》にさそいこんで、その手《て》で斬《き》った。

かつては、うつけ者《もの》の信長《のぶなが》より優秀《ゆうしゅう》だとされていた信行《のぶゆき》を斬《き》ることはつらかった。だが、いくさのない世《よ》をつくりたいと思《おも》っている信長《のぶなが》の思《おも》いとはよそに、下剋上《げこくじょう》で織田家《おだけ》をのっとろうとしている信行《のぶゆき》を野放《のばな》しにしていては、織田家《おだけ》そのものが分裂《ぶんれつ》しかねなかったのだ。

信長《のぶなが》は、謀反《むほん》を密告《みっこく》してきた柴田勝家《しばたかついえ》を、以後《いご》、家臣《かしん》のなかでも最高《さいこう》の職《しょく》である宿老《しゅくろう》として重《おも》く用《もち》いた。勝家《かついえ》もまた、信長《のぶなが》が本能寺《ほんのうじ》でたおれるまで、忠節《ちゅうせつ》をつくしつづけることになる。

永禄《えいろく》2(1559)年《ねん》2月《がつ》に上洛《じょうらく》(京都《きょうと》に行《い》くこと)。京都《きょうと》で将軍足利義輝《しょうぐんあしかがよしてる》に謁見《えっけん》。尾張《おわり》の国《くに》をほぼ統一《とういつ》したことを報告《ほうこく》した。

桶狭間《おけはざま》の戦《たたか》い

「今川義元《いまがわよしもと》が沓掛城《くつかけじょう》(愛知県豊明市《あいちけんとよあけし》)までやってきたか……。」

織田信長《おだのぶなが》は、伝令《でんれい》からの知《し》らせを聞《き》いて、歯《は》を食《く》いしばった。

永禄《えいろく》3（1560）年《ねん》5月《がつ》18日《にち》のことだ。

じつは前々日《ぜんぜんじつ》の5月《がつ》16日《にち》、今川義元《いまがわよしもと》が領国《りょうごく》の駿河《するが》の国《くに》から遠江《とおとうみ》の国《くに》を経《へ》て、三河《みかわ》の国《くに》の岡崎城《おかざきじょう》（愛知県岡崎市《あいちけんおかざきし》）まで軍《ぐん》を進《すす》めてきたことは聞《き》いていた。

沓掛城《くつかけじょう》は、尾張《おわり》の国《くに》との国《くに》ざかいに近《ちか》い。

次《つぎ》は、尾張《おわり》の国《くに》に侵入《しんにゅう》してくるだろうことは目《め》に見《み》えている。

このころの義元《よしもと》は、東海地方一《とうかいちほういち》、日本《にっぽん》でも屈指《くっし》の戦国大名《せんごくだいみょう》だった。

それにくらべれば、ようやく尾張一国《おわりいっこく》を統一《とういつ》したばかりの織田信長《おだのぶなが》は、ふけばとぶような存在《そんざい》だったといっていい。

義元《よしもと》は、こう言《い》っていたにちがいない。

「わが今川軍《いまがわぐん》がせめてくると聞《き》けば、信長《のぶなが》め、おそれをなして、城《しろ》をすんなり明《あ》けわたすにちがいあるまい。もし万《まん》が一《いち》、抵抗《ていこう》するようなことがあっても、赤子《あかご》の腕《うで》をひねるようなものよ。」

沓掛城《くつかけじょう》から、この清須城《きよすじょう》の間《あいだ》には、丸根砦《まるねとりで》・鷲津砦《わしづとりで》など、織田方《おだがた》の城《しろ》がある。

それらの城《しろ》からは、信長《のぶなが》に「救援《きゅうえん》に来《き》てくれ。」と矢《や》のように催促《さいそく》が来《き》ていた。

だが信長《のぶなが》はすぐに兵《へい》を動《うご》かさなかった。

軍議《ぐんぎ》の席《せき》で、家臣《かしん》たちの間《あいだ》から意見《いけん》が出《で》た。

――「今川軍《いまがわぐん》にかなうはずがありません。この清須城《きよすじょう》にこもってやりすごすべきではないでしょうか。」

だが信長《のぶなが》は即座《そくざ》に、この意見《いけん》をけった。

「ならぬ。」

また別《べつ》の家臣《かしん》が言《い》った。

――「では、今川軍《いまがわぐん》がせまっておる丸根砦《まるねとりで》・鷲津砦《わしづとりで》に兵《へい》を！」

「それも、ならぬ。すべては明日《あす》じゃ。」

――「明日《あす》ではおそくなります！」

「かまわん。」

信長《のぶなが》は軍議《ぐんぎ》の席《せき》をけって、退席《たいせき》した。

軍議《ぐんぎ》の席《せき》からは不平《ふへい》をこぼす声《こえ》が多《おお》く聞《き》こえてきた。

――「いったい、なにを考《かんが》えておられるのか。」

――「お館《やかた》さまの目《め》は曇《くも》っておられるのか。」

――「丸根砦《まるねとりで》・鷲津砦《わしづとりで》を見《み》すてるおつもりなのか。」

信長《のぶなが》は、くちびるをかみしめた。

(いまは動《うご》くときではない。今夜《こんや》ではない。明日《あす》だ。)


翌朝《よくあさ》――。

丸根砦《まるねとりで》・鷲津砦《わしづとりで》に、今川軍《いまがわぐん》がせめてきたとの急報《きゅうほう》が入《はい》った。

「わかった。しばし待《ま》て。」

信長《のぶなが》は、舞曲《ぶきょく》の幸若舞《こうわかまい》の題目《だいもく》「敦盛《あつもり》」[6]の一節《いっせつ》を舞《ま》いはじめた。

人間《にんげん》五十年《ねん》、下天《げてん》のうちをくらぶれば、夢幻《ゆめまぼろし》のごとくなり。ひとたび生《しょう》を得《え》て、滅《めっ》せぬもののあるべきか。

「人間《にんげん》の一生《いっしょう》は50年《ねん》しかない。宇宙《うちゅう》の大《おお》きさからすれば夢《ゆめ》や幻《まぼろし》のようにはかないもの。一度《いちど》生《う》まれた者《もの》は、かならず死《し》ぬ運命《うんめい》にある。」という内容《ないよう》だ。

舞《ま》いおわった信長《のぶなが》は命《めい》じた。

「ほら貝《がい》をふけ！　具足《ぐそく》を持《も》て！」

出陣《しゅつじん》の合図《あいず》のほら貝《がい》をふかせた信長《のぶなが》は、持《も》ってこさせた甲冑《かっちゅう》を着《き》て立《た》ったまま、湯《ゆ》をかけた飯《めし》をかきこんだ。

信長《のぶなが》は、織田軍《おだぐん》の兵《へい》をひきいて清須城《きよすじょう》を出陣《しゅつじん》。熱田神宮《あつたじんぐう》で戦勝祈願《せんしょうきがん》をして、今川軍《いまがわぐん》と接触《せっしょく》する桶狭間《おけはざま》方面《ほうめん》に進《すす》んだ。

このときの織田軍《おだぐん》の総数《そうすう》はわかっていない。桶狭間《おけはざま》の戦《たたか》いで、今川軍《いまがわぐん》とたたかったのが2000人《にん》。全体《ぜんたい》ではその2倍《ばい》くらいと推測《すいそく》される。

いっぽう今川軍《いまがわぐん》は、『信長公記《しんちょうこうき》』によれば4万《まん》5000人《にん》とされている。『信長公記《しんちょうこうき》』は信長《のぶなが》が主人公《しゅじんこう》なので、功績《こうせき》を多少《たしょう》オーバーに書《か》いている可能性《かのうせい》がある。だから「今川軍《いまがわぐん》の4万《まん》5000人《にん》は多《おお》すぎだろう、実際《じっさい》はその半分《はんぶん》くらいではないか。」と推測《すいそく》されている。いずれにしても、今川軍《いまがわぐん》のほうが織田軍《おだぐん》を大《おお》きく上回《うわまわ》る大軍《たいぐん》だったことはまちがいない。

その今川軍《いまがわぐん》だが――。

いくさが行《おこな》われた永禄《えいろく》3(1560)年《ねん》5月《がつ》19日《にち》は朝《あさ》から晴《は》れあがり、桶狭間《おけはざま》までやってきた今川軍《いまがわぐん》は、のんびり休憩《きゅうけい》に入《はい》っていた。

なにしろ、これまで抵抗《ていこう》されてはいるものの連戦連勝《れんせんれんしょう》、たいした苦労《くろう》もなく、尾張《おわり》

[6] 舞《まい》をともなう語《かた》り物《もの》、幸若舞《こうわかまい》のひとつ。平安時代《へいあんじだい》の源平《げんぺい》の戦《たたか》いで、わかい平敦盛《たいらのあつもり》を討《う》った熊谷直実《くまがいなおざね》のむなしさや、人《ひと》の世《よ》のはかなさがえがかれている。

の国《くに》を手《て》に入《い》れられると思《おも》っていた。

今川氏《いまがわし》は大大名《だいだいみょう》、織田《おだ》は小大名《しょうだいみょう》なのだ。

陣幕《じんまく》をはった前《まえ》で、今川義元《いまがわよしもと》が床几《しょうぎ》に腰《こし》かけて休《やす》んでいるところへ、家臣《かしん》が走《はし》ってきた。

「地元《じもと》の村人《むらびと》が、酒《さけ》と肴《さかな》の差《さ》し入《い》れを持《も》ってまいりました。」

「そうか、そうか、尾張《おわり》の国《くに》の者《もの》は、われら今川《いまがわ》を歓迎《かんげい》してくれているわけか。織田《おだ》より今川《いまがわ》のほうがいいというわけか。あたりまえじゃな。酒《さけ》と肴《さかな》を、兵《へい》たちに分《わ》けてやるがよい。」

母親《ははおや》の寿桂尼《じゅけいに》が公家《くげ》の出身《しゅっしん》で、義元《よしもと》もおさないころから京都文化《きょうとぶんか》に親《した》しんでいた。公家《くげ》たちとも仲《なか》がよかったので、義元《よしもと》もまた公家《くげ》たちのように、顔《かお》に白《しろ》く化粧《けしょう》をほどこし、お歯黒《はぐろ》をしていた。

今川軍《いまがわぐん》にしてみれば、旅《たび》の途中《とちゅう》で、ピクニック、そして酒宴《しゅえん》が始《はじ》まったような感《かん》じだっただろう。

じつは酒《さけ》と肴《さかな》の差《さ》し入《い》れをさせたのは、織田軍《おだぐん》だったのだが、このとき義元《よしもと》は気《き》づいていなかった。

正午《しょうご》がすぎたあたりで、いきなり雨《あめ》になった。

すぐに、目《め》の前《まえ》が見《み》えないほどの豪雨《ごうう》となった。

遠《とお》くから声《こえ》が聞《き》こえてきた。

――「織田《おだ》だ！　織田軍《おだぐん》がせめてきました！」


長年《ながねん》の通説《つうせつ》では、田楽狭間《でんがくはざま》という谷《たに》にいる今川軍《いまがわぐん》から見《み》えないように、織田軍《おだぐん》が大《おお》きく迂回《うかい》。今川軍《いまがわぐん》の背後《はいご》から奇襲《きしゅう》をかけたとされてきた。

だが『信長公記《しんちょうこうき》』を読《よ》むと、今川軍《いまがわぐん》は「桶狭間山《おけはざまやま》」にいて、織田軍《おだぐん》が「敵方《てきがた》よりさだかに相見《あいみ》え候《そうろう》」とある。つまり……。

「お館《やかた》さま！　わが織田軍《おだぐん》は、敵《てき》の今川軍《いまがわぐん》から丸見《まるみ》えにございますぞ！」

家臣《かしん》が声《こえ》をかけてくる。

信長《のぶなが》は、兵《へい》たちに号令《ごうれい》をかけた。

「かまわぬ！　かかれ！　敵《てき》は、丸根砦《まるねとりで》・鷲津砦《わしづとりで》を落《お》としてつかれておる！　かたや、こちらは元気《げんき》だ！　しかも、見《み》よ！　天候《てんこう》が味方《みかた》しておる！　雨《あめ》だ！　雨《あめ》が来《く》るぞ！　ねらうは義元《よしもと》の首《くび》ひとつ！　正面《しょうめん》から斬《き》りかかれ！」

だから信長《のぶなが》は、救援要請《きゅうえんようせい》があっても、あえて丸根砦《まるねとりで》と鷲津砦《わしづとりで》に兵《へい》を向《む》かわせなかったのだ。勝負《しょうぶ》どころをむかえるまえに兵《へい》たちがつかれてしまうことが予想《よそう》できていたからだ。


今川軍《いまがわぐん》はというと、休憩《きゅうけい》しているところに、いきなりの豪雨《ごうう》。右往左往《うおうさおう》しているところに織田軍《おだぐん》がいきなりせめかかってきた。織田軍《おだぐん》は正面突破《しょうめんとっぱ》しただけなのに、今川軍《いまがわぐん》から見《み》れば奇襲攻撃《きしゅうこうげき》を受《う》けたように見《み》えたのだ。

敵味方《てきみかた》が入《い》りみだれるなか、義元《よしもと》は、織田軍《おだぐん》の服部小平太《はっとりこへいた》に一番槍《いちばんやり》をつけられ、最《さい》

後《ご》は毛利新介《もうりしんすけ》によって首《くび》をはねられてしまった。

わずか2000人《にん》の兵《へい》でもって、今川義元《いまがわよしもと》の首《くび》をとったのだ。

後世《こうせい》、桶狭間《おけはざま》の戦《たたか》いは「奇襲《きしゅう》によって勝利《しょうり》した奇跡《きせき》」のように語《かた》られることになるが、じつはそうではない。

信長《のぶなが》は、小競《こぜ》り合《あ》いで敵《てき》をつかれさせ、さらに酒《さけ》と肴《さかな》で油断《ゆだん》させたところで、一気《いっき》にせめかかった。義元《よしもと》の首《くび》だけをとれば、今川軍《いまがわぐん》が総《そう》くずれになることも予想《よそう》できていたのだ。あとは、急《きゅう》な豪雨《ごうう》が味方《みかた》してくれたといったところだろう。

桶狭間《おけはざま》での勝利《しょうり》によって、信長《のぶなが》の名《な》は諸大名《しょだいみょう》に知《し》れわたることになった。


義元《よしもと》が首《くび》をとられているころ、桶狭間山《おけはざまやま》の近《ちか》くにある大高城《おおだかじょう》には、のちの徳川家康《とくがわいえやす》がいた。

人質交換《ひとじちこうかん》によって織田家《おだけ》から今川家《いまがわけ》にうつされた竹千代《たけちよ》は、駿府城《すんぷじょう》で少年時代《しょうねんじだい》を送《おく》り、元服《げんぷく》。松平元信《まつだいらもとのぶ》を名乗《なの》った。元信《もとのぶ》の「元《もと》」は、今川義元《いまがわよしもと》の「元《もと》」だ。そして初陣《ういじん》をすませ、さらに松平元康《まつだいらもとやす》と改名《かいめい》。桶狭間《おけはざま》の戦《たたか》いの直前《ちょくぜん》は、丸根砦《まるねとりで》・鷲津砦《わしづとりで》と対峙《たいじ》する、今川方《いまがわがた》の大高城《おおだかじょう》に兵糧《ひょうろう》を運《はこ》びこみ、しばし休憩《きゅうけい》していたのだ。

そこへ義元《よしもと》が討《う》たれたとの知《し》らせが入《はい》った。

「なに、お館《やかた》さまが……かくなるうえは……。」

一度《いちど》は自害《じがい》しようとした元康《もとやす》だったが思《おも》いとどまる。

「待《ま》てよ……そうか、この手《て》があったか。やめた、やめた！　人質《ひとじち》はやめじゃ！」

元康《もとやす》は、みずから今川家《いまがわけ》の人質《ひとじち》をやめると、岡崎城《おかざきじょう》にもどって独立《どくりつ》した。

天下布武《てんかふぶ》

「竹千代《たけちよ》、いや、いまは松平元康殿《まつだいらもとやすどの》であったな。——ひさしぶりだな。おさないころ以来《いらい》であるな。」

「織田《おだ》さま、おひさしゅうございます。」

「ともに釣《つ》りをした日々《ひび》のことがなつかしいのお。」

「おぼえていてくださり、光栄《こうえい》にございます。」

「そうかたくるしくするな。わしにとって竹千代《たけちよ》は弟《おとうと》も同然《どうぜん》。いや、じつの弟《おとうと》よりも弟《おとうと》だと思《おも》うておる。」

その手《て》にかけた弟《おとうと》の信行《のぶゆき》をかわいいと思《おも》ったことなどない。だが、ともに遊《あそ》んだ竹千代《たけちよ》のことは、ほんとうに親《した》しく思《おも》っていた。

永禄《えいろく》5（1562）年《ねん》1月《がつ》15日《にち》、織田信長《おだのぶなが》は、松平元康《まつだいらもとやす》と清須城内《きよすじょうない》で面会《めんかい》していた。桶狭間《おけはざま》の戦《たたか》いのあと、岡崎城《おかざきじょう》にもどった元康《もとやす》は、すこしでも領地《りょうち》を広《ひろ》げるべく織田《おだ》方《がた》の城《しろ》をせめていたが、生母於大《せいぼおだい》の方《かた》の兄《あに》のすすめで、信長《のぶなが》と同盟《どうめい》をむすぶことにしたのだ。

義元《よしもと》が討《う》ち死《じ》にしたといっても、まだまだ今川氏《いまがわし》の勢力《せいりょく》は大《おお》きかった。

「竹千代《たけちよ》、そなたがおれば、わしは尾張《おわり》より東《ひがし》に目《め》を向《む》けることなく、北《きた》の美濃《みの》や西《にし》の伊勢《いせ》（現在《げんざい》の三重県北部《みえけんほくぶ》）の攻略《こうりゃく》に専念《せんねん》することができる。」

「東《ひがし》の守《まも》りは、おまかせください。」

「たのんだぞ、弟《おとうと》よ。」

「ありがたき、お言葉《ことば》。」

ここに尾張《おわり》の国《くに》の織田信長《おだのぶなが》、三河《みかわ》の国《くに》の松平元康《まつだいらもとやす》の「清須同盟《きよすどうめい》」がむすばれ、以《い》後《ご》、信長《のぶなが》が本能寺《ほんのうじ》の変《へん》でたおれるまで、20年《ねん》と半年《はんとし》ものあいだ守《まも》られることになる。

翌永禄《よくえいろく》6(1563)年《ねん》3月《がつ》、同盟《どうめい》の証《あかし》として、信長《のぶなが》の娘徳姫《むすめとくひめ》と家康《いえやす》の嫡男竹千代《ちゃくなんたけちよ》(のちの信康《のぶやす》)の婚約《こんやく》が成立《せいりつ》した。5歳同士《さいどうし》のカップルだった。4年後《ねんご》、岡崎城《おかざきじょう》に徳姫《とくひめ》が嫁《とつ》ぐことになる。

おさないふたりの婚約《こんやく》が成立《せいりつ》した数《すう》か月《げつ》ののち、松平元康《まつだいらもとやす》は「家康《いえやす》」と改名《かいめい》。さらに3年半後《ねんはんご》、「徳川《とくがわ》」姓《せい》を名乗《なの》る。

「お館《やかた》さま! 墨俣築城《すのまたちくじょう》は、この木下藤吉郎秀吉《きのしたとうきちろうひでよし》におまかせください!」

じつの父道三《ちちどうさん》を討《う》った義龍《よしたつ》が病死《びょうし》し、斎藤家《さいとうけ》が義龍《よしたつ》の子《こ》の龍興《たつおき》の代《だい》になった。これを機《き》に美濃《みの》攻略《こうりゃく》を本格化《ほんかくか》させたいと思《おも》っている信長《のぶなが》の前《まえ》に、木下秀吉《きのしたひでよし》（のちの豊臣秀吉《とよとみひでよし》）が走《はし》りでてきて、土下座《どげざ》した。

この男《おとこ》は、もともとは農民出身《のうみんしゅっしん》だが、信長《のぶなが》の身《み》の回《まわ》りの雑用《ざつよう》をする小者《こもの》として仕《つか》えはじめた。なかなか機転《きてん》がきき、寒《さむ》い時期《じき》には、信長《のぶなが》の草履《ぞうり》をふところで温《あたた》めてからさしだすような男《おとこ》だ。

人当《ひとあ》たりのよさ、要領《ようりょう》のよさ、そして機転《きてん》によって出世《しゅっせ》してきた男《おとこ》といっていい。

いまは、ねね（おね、寧《ねい》ともいわれる）という女子《おなご》と結婚《けっこん》。信長《のぶなが》も、城《しろ》や堤防《ていぼう》などの修理増築《しゅうりぞうちく》を指揮《しき》する普請奉行《ふしんぶぎょう》をまかせている。

いま信長《のぶなが》が目標《もくひょう》にかかげている美濃《みの》攻略《こうりゃく》のためには、長良川西岸《ながらがわせいがん》の墨俣《すのまた》に、攻撃拠《こうげききょ》点《てん》となる城《しろ》をきずかなければならなかった。

「猿《さる》、そなたができると申《もう》すか。」

信長《のぶなが》は、秀吉《ひでよし》がちょこちょこと、すばしこいことから「猿《さる》」とよんでいた。顔《かお》が似《に》ていることから、ときに手紙《てがみ》などで「禿鼠《はげねずみ》」と表現《ひょうげん》することもあった。

信長《のぶなが》はつづけた。

「これまで、ほかの家臣《かしん》にもたてさせようとしたが、美濃《みの》の敵《てき》にじゃまされ、できなかったのだぞ。」

「そのようですなあ。」

「あまり時《とき》がないのだぞ。7日間《なのかかん》でできるか。」

「りっぱな城《しろ》でなくてよろしければ、7日間《なのかかん》もいりませぬ！」

「言《ゆ》うたな。ならば、やってみよ。猿《さる》にまかせる。」

それから、わずか数日後《すうじつご》、信長《のぶなが》のもとに秀吉《ひでよし》がやってきた。

「お館《やかた》さま、墨俣城《すのまたじょう》、できましてございます。」

信長《のぶなが》が兵《へい》をつれて、墨俣《すのまた》に出向《でむ》いたところ、そこには粗末《そまつ》ながら、ちゃんと雨風《あめかぜ》をしのげ、見張《みは》り台《だい》もある、城《しろ》というよりも、砦《とりで》といったほうがふさわしい木造《もくぞう》の建物《たてもの》が完成《かんせい》していた。

まだ仕上《しあ》げをしているのか、図体《ずうたい》のでかい者《もの》たちがたくさん動《うご》きまわっている。

「あの者《もの》たちは？」

信長《のぶなが》が聞《き》くと秀吉《ひでよし》が、男《おとこ》たちの頭領《とうりょう》らしい毛皮《けがわ》をまとった大男《おおおとこ》をつれてきた。

「川並衆《かわなみしゅう》をとりしきる蜂須賀小六《はちすかころく》という者《もの》です。」

信長《のぶなが》は、秀吉《ひでよし》に聞《き》いた。

「いったい、どうやってたてたのだ。」

「この者《もの》たち川並衆《かわなみしゅう》は、川舟《かわぶね》で商品《しょうひん》を運《はこ》ぶ商人《しょうにん》たちの用心棒《ようじんぼう》でございます。伐採《ばっさい》した材木《ざいもく》を長良川《ながらがわ》で運《はこ》ぶなんざ、お茶《ちゃ》の子《こ》さいさいで。」

「はじめから、この者《もの》たちを使《つか》えるとわかっていたから、築城《ちくじょう》をうけおったのだな。」

「へい。」

「ようやった。おかげで美濃《みの》攻略《こうりゃく》が一気《いっき》に進《すす》む。」

これが、後世《こうせい》に有名《ゆうめい》な「墨俣一夜城《すのまたいちやじょう》」だ。

「一夜《いちや》」というのはオーバーだが、わずか数日《すうじつ》で砦《とりで》をきずいたらしい。

ただし、その時期《じき》がいつだったかは、はっきりわかっていない。

伝説《でんせつ》につつまれた城《しろ》、ということになるだろうか。

信長《のぶなが》は、さらに秀吉《ひでよし》に言《い》った。

「猿《さる》、おまえにまかせてよかったぞ。」

「ありがたき、お言葉《ことば》。」

信長《のぶなが》は独裁者《どくさいしゃ》のように思《おも》われがちだが、けっしてそうではない。仕事《しごと》の多《おお》くを部下《ぶか》にまかせていた。まかされた者《もの》はがんばり、そして成果《せいか》を出《だ》した。もちろん信長《のぶなが》もほめることをわすれてはいなかった。

墨俣城《すのまたじょう》を足《あし》がかりに、美濃《みの》攻略《こうりゃく》を進《すす》めた信長《のぶなが》は、武力《ぶりょく》による力《ちから》ぜめだけでなく、調《ちょう》略《りゃく》も用《もち》いた。

調略《ちょうりゃく》とは、武力《ぶりょく》など使《つか》わず、敵《てき》の家臣《かしん》に近《ちか》づいてねがえらせ、内通《ないつう》させたり、謀反《むほん》を起《お》こさせたりすることを指《さ》す。

斎藤家内《さいとうけない》の美濃三人衆《みのさんにんしゅう》（稲葉良通《いなばよしみち》、氏家直元《うじいえなおもと》、安藤守就《あんどうもりなり》）をねがえらせたのがきっかけで、難攻不落《なんこうふらく》をほこっていた稲葉山城《いなばやまじょう》（のちの岐阜城《ぎふじょう》）を落《お》とすことに成功《せいこう》したのだ。

尾張《おわり》の国《くに》につづき美濃《みの》の国《くに》まで領地《りょうち》とした信長《のぶなが》は、清須城《きよすじょう》のあと居城《きょじょう》にしていた小牧山城《こまきやまじょう》から引《ひ》っこした。

永禄《えいろく》10（1567）年《ねん》9月《がつ》のことだ。

居城《きょじょう》をうつすにあたり、信長《のぶなが》は稲葉山《いなばやま》と城下《じょうか》の井口《いのくち》あたりを「岐阜《ぎふ》」と改名《かいめい》した。

「岐阜《ぎふ》」の名称《めいしょう》は僧《そう》の沢彦宗恩《たくげんそうおん》によるもの。中国《ちゅうごく》の周時代《しゅうじだい》、文王《ぶんおう》が岐山《きざん》を拠点《きょてん》にして天下《てんか》を平定《へいてい》したという故事《こじ》にちなんで命名《めいめい》したものだ。沢彦宗恩《たくげんそうおん》は、おさないころの信長《のぶなが》の傅役《もりやく》だった平手政秀《ひらてまさひで》の依頼《いらい》で、信長《のぶなが》に学問《がくもん》を教《おし》えていた人物《じんぶつ》だ。

その沢彦宗恩《たくげんそうおん》が、岐阜城《ぎふじょう》にいる信長《のぶなが》のもとにやってきて、印《いん》をさしだした。

「この印《いん》をおしてみてくだされ。」

信長《のぶなが》は、もらったばかりの印《いん》に墨《すみ》をぬって、紙《かみ》におした。

――「天下布武《てんかふぶ》」。

「これはっ……。」

「吉法師《きっぽうし》さま、『天下《てんか》』に『武《ぶ》』を『布《し》』く、にございますよ。」

沢彦宗恩《たくげんそうおん》は、幼名《ようめい》で信長《のぶなが》のことをよんだ。両親以外《りょうしんいがい》で、信長《のぶなが》のことを「吉法師《きっぽうし》」とよんだのは、傅役《もりやく》だった政秀《まさひで》と沢彦宗恩《たくげんそうおん》くらいのものだった。

「わしは、もう吉法師《きっぽうし》ではない。」

「わたくしには、まだまだ『うつけ者《もの》』とよばれていた吉法師《きっぽうし》さまのままにございます。」

「和尚《おしょう》め。」

「あなたさまなら、できまする。――いくさのない、新《あたら》しい世《よ》をきずかれませ。」

沢彦宗恩《たくげんそうおん》の言葉《ことば》が、どこか政秀《まさひで》に通《つう》じるものがあり、信長《のぶなが》はおどろいた。

2 天魔《てんま》の所為《しょい》

次期将軍《じきしょうぐん》を奉《ほう》ず

「猿《さる》！　城下町《じょうかまち》のようすはどうであった。」

織田信長《おだのぶなが》は、岐阜城最上階《ぎふじょうさいじょうかい》の望楼《ぼうろう》から城下町《じょうかまち》を見《み》おろしながら、背後《はいご》にかしこまっている木下秀吉《きのしたひでよし》に問《と》うた。

秀吉《ひでよし》の声《こえ》が報告《ほうこく》してくる。

――「へえ、そりゃもう、みんな、お館《やかた》さまがおゆるしになった楽市《らくいち》・楽座《らくざ》に大《おお》よろこびで。」

岐阜城《ぎふじょう》を居城《きょじょう》とした信長《のぶなが》は、それまで同業者《どうぎょうしゃ》の団体《だんたい》が「座《ざ》」を組《く》んで商売《しょうばい》を独占《どくせん》していたため、城下町《じょうかまち》ではだれでも自由《じゆう》に商売《しょうばい》をしていいというおふれを出《だ》したのだ。

それが、どのように受《う》けいれられているか知《し》るため、秀吉《ひでよし》に城下町《じょうかまち》の偵察《ていさつ》に行《い》かせていたのだ。ほかの家臣《かしん》たちはどんなに変装《へんそう》したとしても武士《ぶし》にしか見《み》えないが、もともと農民《のうみん》の秀吉《ひでよし》なら庶民《しょみん》にとけこめる。

信長《のぶなが》は、そうふんだのだ。

「そうか、みな、よろこんでおったか。」

「楽市《らくいち》・楽座《らくざ》なんて、よく思《おも》いつかれましたな。」

「ふん。」

じつは、楽市《らくいち》・楽座《らくざ》を始《はじ》めたのは、信長《のぶなが》が岐阜城《ぎふじょう》に引《ひ》っこすより18年《ねん》もまえ、近江《おうみ》の国《くに》（現在《げんざい》の滋賀県《しがけん》）の大名《だいみょう》、六角氏《ろっかくし》なのだが、秀吉《ひでよし》には言《い》わなかった。

信長《のぶなが》はふりむいて、農民《のうみん》のかっこうをしている秀吉《ひでよし》に言《い》った。

「わしは、いくさのない新《あたら》しい世《よ》をつくりたいと思《おも》うておる。そのいくさのない世《よ》では、人《ひと》はもっと自由《じゆう》でなければならぬ。」

「さすが、お館《やかた》さまにございます。」

「ほめても、なにも出《で》んぞ。」

秀吉《ひでよし》という男《おとこ》は、ごまをするのが得意《とくい》だ。だが人《ひと》を不快《ふかい》にさせない。これは人徳《じんとく》といっていい。

素直《すなお》で、かわいいところがある徳川家康《とくがわいえやす》とはまたちがう魅力《みりょく》といっていい。

信長《のぶなが》は、秀吉《ひでよし》に言《い》った。

「猿《さる》。尾張《おわり》の国《くに》を統一《とういつ》し、美濃《みの》の国《くに》も手《て》にし、わしは次《つぎ》はどこに手《て》を着《つ》けると思《おも》う。」

「飛騨《ひだ》の国《くに》(現在《げんざい》の岐阜県北部《ぎふけんほくぶ》)……越前《えちぜん》の国《くに》(現在《げんざい》の福井県北部《ふくいけんほくぶ》)……伊勢《いせ》の国《くに》……近江《おうみ》の国《くに》……。」

秀吉《ひでよし》は、美濃《みの》の国《くに》と接《せっ》した隣国《りんごく》をつぎつぎとならべていき、最後《さいご》に首《くび》をかしげた。

「……へ? ちがいますので?」

「京都《きょうと》じゃ! わしは上洛《じょうらく》する!」

「ええっ!」

秀吉《ひでよし》が目《め》をひんむく。

「猿《さる》、市《いち》をここによべ。」

「お市《いち》の方《かた》さまでございますか。」

「いちいち聞《き》きかえすな。」

「ははーっ！」

すぐに秀吉《ひでよし》が、お市《いち》をつれてきた。

「兄上《あにうえ》さま、なんでございましょう。」

信長《のぶなが》と似《に》た美《うつく》しい顔立《かおだ》ちの妹《いもうと》お市《いち》が、かしこまってすわる。

斜《なな》め後《うし》ろには、秀吉《ひでよし》がすわっている。

その秀吉《ひでよし》が、いつも、お市《いち》のことをまぶしそうに見《み》ていることは、信長《のぶなが》も知《し》っていた。だからこそ、秀吉《ひでよし》によんでこさせたのだ。

「市《いち》、嫁《とつ》いでくれ。」

——「えっ！」

声《こえ》をあげたのは秀吉《ひでよし》のほうだった。

お市《いち》は、顔色《かおいろ》ひとつかえないまま、たずねてきた。

「どちらにでございましょう。」

政略結婚《せいりゃくけっこん》のために嫁《とつ》ぐ覚悟《かくご》は、とうにできているという顔《かお》つきだ。

「近江《おうみ》、小谷城主《おだにじょうしゅ》、浅井長政《あざいながまさ》だ。」

「いよいよ上洛《じょうらく》されるのでございますね。」

「さすが、わが妹《いもうと》。」

美濃《みの》の国《くに》から京都《きょうと》までの間《あいだ》にも、多《おお》くの戦国大名《せんごくだいみょう》、武将《ぶしょう》がいる。これらは小国《しょうこく》のため、さほど気《き》にしていない。

越前《えちぜん》の国《くに》の朝倉氏《あさくらし》、その朝倉氏《あさくらし》と親《した》しい浅井氏《あざいし》から、上洛途上《じょうらくとじょう》に横《よこ》からつかれないためにも、留守中《るすちゅう》の美濃《みの》の国《くに》にせめいられないためにも、同盟《どうめい》をむすんでおく必要《ひつよう》があったのだ。

岐阜城《ぎふじょう》に引《ひ》っこしたその年《とし》の末《すえ》ごろとされるが、信長《のぶなが》は浅井長政《あざいながまさ》と同盟《どうめい》をむすび、お市《いち》を嫁《とつ》がせた。

徳川家康《とくがわいえやす》はおさないころ、ともに遊《あそ》んだ「弟《おとうと》」。そして浅井長政《あざいながまさ》は妹《いもうと》を嫁《とつ》がせた義《ぎ》理《り》の「弟《おとうと》」となった。

年《とし》が明《あ》けた永禄《えいろく》11（1568）年《ねん》、伊勢《いせ》の国《くに》にせめいった信長《のぶなが》は、三男信孝《さんなんのぶたか》を伊勢《いせ》の国《くに》の有力者《ゆうりょくしゃ》だった神戸友盛《かんべとももり》の養子《ようし》に送《おく》りこんで神戸家《かんべけ》の跡《あと》をつがせるいっぽう、近江《おうみ》の国《くに》の六角氏《ろっかくし》の家臣《かしん》とも同盟《どうめい》をむすび、京都《きょうと》への経路《けいろ》の安全《あんぜん》を確保《かくほ》した。

そのうえで越前《えちぜん》の国一乗谷《くにいちじょうだに》の朝倉氏館《あさくらしやかた》にいる足利義昭《あしかがよしあき》に使《つか》いを出《だ》した。

永禄《えいろく》8（1565）年《ねん》に、室町幕府《むろまちばくふ》13代将軍《だいしょうぐん》の足利義輝《あしかがよしてる》が、畿内《きない》（山城《やましろ》、大和《やまと》、摂津《せっつ》、和泉《いずみ》、河内《かわち》の5国《こく》）を支配《しはい》している三好三人衆《みよしさんにんしゅう》［1］と、三好氏《みよしし》の配下《はいか》だったことがある大和《やまと》の国《くに》（現在《げんざい》の奈良県《ならけん》）の松永久秀《まつながひさひで》の息子《むすこ》の久通《ひさみち》に殺《ころ》されたのを見《み》て、将軍後《しょうぐんこう》

［1］三好義継《みよしよしつぐ》（?〜1573年《ねん》）の後見人《こうけんにん》、三好長逸《みよしながやす》・岩成友通《いわなりともみち》・三好政康《みよしまさやす》の3人《にん》をいう。義継《よしつぐ》の父長慶《ちちながよし》の死後《しご》、わかい義継《よしつぐ》が主君《しゅくん》になると権力《けんりょく》をもった。

継者《けいしゃ》のひとりだった義昭《よしあき》は逃亡《とうぼう》。あちこち転々《てんてん》とし、いまは朝倉氏《あさくらし》にかくまってもらっていた。

信長《のぶなが》は、この義昭《よしあき》をつれて「次期将軍《じきしょうぐん》の警備役《けいびやく》」の名目《めいもく》で京都《きょうと》へ上《のぼ》ろうと思《おも》っていた。

いまは14代将軍《だいしょうぐん》の足利義栄《あしかがよしひで》がいるので、その次《つぎ》の将軍《しょうぐん》につかせようというわけだ。

「義昭《よしあき》さま、美濃《みの》までご足労《そくろう》いただき、感激至極《かんげきしごく》にございます。義昭《よしあき》さまのためでしたら、この信長《のぶなが》、なんでもいたします。」

信長《のぶなが》は、美濃国内《みのこくない》の、とある寺《てら》に足利義昭《あしかがよしあき》をむかえていた。

上座《かみざ》にふんぞりかえってすわっている義昭《よしあき》が言《い》う。

「ならば信長《のぶなが》、われを将軍位《しょうぐんい》につけてくれ。」

「もちろんでございます。」

岐阜城《ぎふじょう》に引《ひ》っこしてきて1年《ねん》にみたない永禄《えいろく》11（1568）年《ねん》7月《がつ》25日《にち》のことだ。

8月《がつ》に入《はい》ったところで、信長《のぶなが》はみずから近江《おうみ》の国《くに》に出向《でむ》き、六角義賢《ろっかくよしかた》（承禎《じょうてい》）と同盟《どうめい》をむすぼうとした。だが義賢《よしかた》は納得《なっとく》しなかった。

信長《のぶなが》は武力《ぶりょく》で義賢《よしかた》をねじふせることを決意《けつい》し、大軍《たいぐん》をひきいて岐阜城《ぎふじょう》を出立《しゅったつ》した。

9月《がつ》、六角義賢《ろっかくよしかた》をせめて敗走《はいそう》させると、その家臣《かしん》たちの多《おお》くが信長《のぶなが》の配下《はいか》に入《はい》った。おかげで近江《おうみ》の国《くに》を通過《つうか》できた信長《のぶなが》は、ぶじ、上洛《じょうらく》をはたす。

岐阜城《ぎふじょう》を発《た》って、わずか20日間《はつかかん》足《た》らずのことだった。

京都《きょうと》の人《ひと》びとは、信長《のぶなが》の上洛《じょうらく》におそれおののいたらしい。

――「ああ、おそろしや、おそろしや。」

――「織田信長《おだのぶなが》というのは、尾張《おわり》の国《くに》のいなか大名《だいみょう》いうことや。」

――「またたくまに強敵《きょうてき》を討《う》ちはたす信長《のぶなが》という男《おとこ》は、鬼神《きじん》よりおそろしいそうや。」

――「ここしばらくのあいだは、京都《きょうと》は安全《あんぜん》やったのに、えらいことになってしもうたなあ。」

だが信長《のぶなが》が織田軍《おだぐん》をきびしくとりしまったため、兵《へい》たちが京都《きょうと》の町中《まちなか》であばれるようなことはなく、京都《きょうと》の人《ひと》びとは安堵《あんど》したという。

「天下第一《てんかだいいち》」の信長《のぶなが》

足利義昭《あしかがよしあき》を奉《ほう》じて上洛《じょうらく》をはたした織田信長《おだのぶなが》は、畿内《きない》を支配《しはい》していた三好三人衆《みよしさんにんしゅう》を敗《はい》走《そう》させた。

そして大和《やまと》の国《くに》・山城《やましろ》の国《くに》（現在《げんざい》の京都府南部《きょうとふなんぶ》）・摂津《せっつ》の国《くに》（現在《げんざい》の大阪府西部《おおさかふせいぶ》と兵庫《ひょうご》県南東部《けんなんとうぶ》）・河内《かわち》の国《くに》（現在《げんざい》の大阪府南東部《おおさかふなんとうぶ》）の大部分《だいぶぶん》を支配下《しはいか》におくと、義昭《よしあき》とともに摂津《せっつ》の国《くに》の芥川山城《あくたがわやまじょう》（高槻市《たかつきし》）に入《はい》った。

「義昭《よしあき》さま、すぐに将軍《しょうぐん》におなりになれます。しばし、こちらの城《しろ》でお待《ま》ちくださいませ。」

「たのんだぞ、信長《のぶなが》、そなただけがたよりなのだからな。」

「御意《ぎょい》。」

すぐに、ひとりの男《おとこ》が信長《のぶなが》をたずねてきた。

「大和《やまと》の国《くに》、信貴山城《しぎさんじょう》の松永久秀《まつながひさひで》にございます。」

はじめは三好三人衆《みよしさんにんしゅう》と組《く》んでいたが、いまは仲《なか》たがいしている男《おとこ》だ。

久秀《ひさひで》が言《い》う。

「もう三好三人衆《みよしさんにんしゅう》の時代《じだい》ではございません。これからは織田信長《おだのぶなが》さまの時代《じだい》にございます。」

そして、ふろしきにつつまれた、小《ちい》さな四角《しかく》いものをそっとさしだした。

「ほんの手《て》みやげにて。——どうぞ、おたしかめください。」

ふろしきの包《つつ》みをほどくと、小《ちい》さな桐箱《きりばこ》がでてきた。その桐箱《きりばこ》のふたを開《あ》けると、中《なか》には布《ぬの》につつまれたものが入《はい》っていた。さらにその布《ぬの》をほどくと、中《なか》から茶入《ちゃい》れが出《で》てきた。

「唐物茄子茶入《からものなすちゃいれ》、銘《めい》『九十九髪《つくもがみ》』にございます。」

中国《ちゅうごく》から輸入《ゆにゅう》された、京茄子《きょうなす》のような丸《まる》い形《かたち》をした抹茶《まっちゃ》を入《い》れる壺《つぼ》で、「九十九《つくも》髪《がみ》」という名《な》がついているものだ。

その名《な》は、信長《のぶなが》も聞《き》いたことがあった。

「『九十九髪《つくもがみ》』は、松永殿《まつながどの》が持《も》っておられたのか。

「織田《おだ》さまが持《も》っておられてこそ、かがやく代物《しろもの》。」

戦国時代《せんごくじだい》の大名《だいみょう》たちは茶《ちゃ》の湯《ゆ》を好《この》んだ。茶席《ちゃせき》で政《まつりごと》が左右《さゆう》されることもあるため、「茶湯政道《ちゃのゆせいどう》」という言葉《ことば》も生《う》まれたくらいだ。

とくに中国《ちゅうごく》から輸入《ゆにゅう》された「唐物《からもの》」はめずらしがられていた。名高《なだか》い茶器《ちゃき》を持《も》つことは、権力《けんりょく》の証《あかし》だった。

信長《のぶなが》は、すぐに久秀《ひさひで》の思《おも》いを察《さっ》した。

「なにをのぞんでおる。」

「ただ、いまの地《ち》を、この松永久秀《まつながひさひで》におまかせいただければ。」

「この『九十九髪《つくもがみ》』と大和一国《やまといっこく》を交換《こうかん》というわけか。」

久秀《ひさひで》は、だまって、頭《あたま》をさげている。

「いいだろう。大和《やまと》の国一国《くにいっこく》を松永殿《まつながどの》にまかせる。」

「ありがたき幸《しあわ》せ。」

このとき、信長《のぶなが》からは見《み》えないところで、久秀《ひさひで》は「うまくいった。」とほくそ笑《え》んでいた。


三好三人衆《みよしさんにんしゅう》を一掃《いっそう》した信長《のぶなが》のもとには、久秀《ひさひで》のほかにも多《おお》くの大名《だいみょう》、大名以下《だいみょういか》の国人領主《こくじんりょうしゅ》、商人《しょうにん》らがやってきて、服従《ふくじゅう》を誓《ちか》った。

そんなころ、14代将軍《だいしょうぐん》の足利義栄《あしかがよしひで》が病死《びょうし》。

義昭《よしあき》が15代将軍《だいしょうぐん》となった。

その義昭《よしあき》が、信長《のぶなが》に言《い》った。

「さすがは織田信長《おだのぶなが》。その武勇《ぶゆう》『天下第一《てんかだいいち》』じゃ。わしが将軍《しょうぐん》になれたのも、そなたのおかげ。わしは、そなたを『父《ちち》』とも思《おも》うておるぞ。どうか、副将軍《ふくしょうぐん》か管領《かんれい》になり、これから、わしをささえてくれ。」

副将軍《ふくしょうぐん》とは読《よ》んで字《じ》のごとく幕府《ばくふ》のナンバー2《ツー》。管領《かんれい》は幕府《ばくふ》の中心人物《ちゅうしんじんぶつ》だ。副将軍《ふくしょうぐん》も管領《かんれい》も、室町幕府《むろまちばくふ》を動《うご》かす立場《たちば》にある。ほかの大名《だいみょう》ならそれらの役職《やくしょく》にとびついていただろうが、信長《のぶなが》はちがっていた。

「この信長《のぶなが》に、さように重《おも》い役職《やくしょく》はつとまりませぬ。」

信長《のぶなが》は、丁重《ていちょう》にことわった。だが内心《ないしん》はちがっていた。

(だれのおかげで将軍《しょうぐん》になれたと思《おも》っているのだ。だれが、おまえの『下《した》』になぞつくものか。将軍《しょうぐん》ごとき地位《ちい》にこだわりおって。地位《ちい》など、どうでもよいわ。)

だが義昭《よしあき》は、納得《なっとく》しなかった。

「なにかほしいものはないか。なんなりと申《もう》せ。地位《ちい》がいらぬなら、金《かね》か?」

「では、堺《さかい》、大津《おおつ》、草津《くさつ》に、織田《おだ》の代官《だいかん》をおくことをおゆるしくださいませ。」

「なんだ、そんなことか。よいぞ。」

信長《のぶなが》は、心《こころ》の中《なか》で、ほくそ笑《え》んだ。

堺《さかい》（大阪府《おおさかふ》）は、日本最大《にほんさいだい》の商業都市《しょうぎょうとし》だった。

大津《おおつ》（滋賀県《しがけん》）は、琵琶湖《びわこ》の南《みなみ》に位置《いち》する交通《こうつう》の要衝《ようしょう》。

草津《くさつ》（滋賀県《しがけん》）は、東海道《とうかいどう》と中山道《なかせんどう》の分岐点《ぶんきてん》にある町《まち》だ。

（義昭《よしあき》め、世間知《せけんし》らずにもほどがある。堺《さかい》、大津《おおつ》、草津《くさつ》から得《え》られる経済効果《けいざいこうか》も知《し》らんとは。天下《てんか》をとるのに必要《ひつよう》なカネをかせいでくれるわ。）

織田家《おだけ》の重臣《じゅうしん》、佐久間信盛《さくまのぶもり》、丹羽長秀《にわながひで》、木下秀吉《きのしたひでよし》らをのこした信長《のぶなが》は岐阜《ぎふ》にもどった。「義昭《よしあき》を将軍《しょうぐん》にするため」の上洛《じょうらく》だったが、実際《じっさい》は織田《おだ》が畿内《きない》を制圧《せいあつ》することになる上洛《じょうらく》だった。

翌永禄《よくえいろく》12（1569）年《ねん》、流浪中《るろうちゅう》の斎藤龍興《さいとうたつおき》らと組《く》んだ三好三人衆《みよしさんにんしゅう》が、足利義昭《あしかがよしあき》が宿所《しゅくしょ》にしている本国寺《ほんこくじ》（のちの本圀寺《ほんこくじ》）を包囲《ほうい》したという知《し》らせが入《はい》った。

じつは信長《のぶなが》は、代官《だいかん》をおいた堺《さかい》の商人《しょうにん》たちの集《あつ》まり「会合衆《えごうしゅう》」に対《たい》し、2万貫《まんがん》もの矢銭《やせん》（軍資金《ぐんしきん》）を要求《ようきゅう》していたのだ。

だが会合衆《えごうしゅう》は「すでに自治区《じちく》としてうまくやっているのだから、いまさら軍資金《ぐんしきん》を出《だ》すいわれはない。」と抵抗《ていこう》してきた。その会合衆《えごうしゅう》の抵抗《ていこう》に三好三人衆《みよしさんにんしゅう》が乗《じょう》じてきたのだ。

知《し》らせを聞《き》いた信長《のぶなが》は、ふたたび上洛《じょうらく》すると、義昭《よしあき》のために新邸《しんてい》「二条御所《にじょうごしょ》」（現《げん》在《ざい》の京都市上京区《きょうとしかみぎょうく》）を建造《けんぞう》した。

義昭《よしあき》を心配《しんぱい》してのことではない。恩《おん》を売《う》るためだ。

ちなみに会合衆《えごうしゅう》はまもなく矢銭《やせん》のしはらいに応《おう》じた。会合衆《えごうしゅう》を説得《せっとく》し、信長《のぶなが》との橋《はし》わたしになってくれた今井宗久《いまいそうきゅう》［2］を、信長《のぶなが》は茶頭《さどう》としてかかえ、重用《ちょうよう》するようになる。

その今井宗久《いまいそうきゅう》のほか、会合衆《えごうしゅう》の津田宗及《つだそうぎゅう》、千利休《せんのりきゅう》は、信長《のぶなが》だけでなく、のちに羽柴《はしば》秀吉《ひでよし》とも深《ふか》くかかわることになる。

信長《のぶなが》が二条御所《にじょうごしょ》の工事現場《こうじげんば》で現場監督《げんばかんとく》をしているところに、ひとりの宣教師《せんきょうし》がたずねてきた。

「ルイス・フロイス」と名乗《なの》った。

フロイスに対《たい》し、信長《のぶなが》は異国人《いこくじん》をいぶかしむどころか、質問《しつもん》ぜめにした。

「日本人《にほんじん》をどう思《おも》うのか。」

「世界《せかい》の中《なか》で、日本《にっぽん》はどこにあるのか。」

「世界《せかい》から見《み》て日本《にっぽん》はどんな国《くに》なのか。」

「フロイスが生《う》まれた国《くに》は、どんな国《くに》か。」

「なにをしに来《き》たのか。」

ひとつひとつ、とつとつとした日本語《にほんご》で答《こた》えるフロイスに、信長《のぶなが》は言《い》った。

「キリスト教布教《きょうふきょう》の許可《きょか》をもとめにきたのであろう。よいぞ。そのかわり、わしが京都《きょうと》に滞在《たいざい》するときには、諸外国《しょがいこく》のことを教《おし》えよ。それが条件《じょうけん》だ。」


［2］1520～1593年《ねん》。堺《さかい》の豪商《ごうしょう》、茶人《ちゃじん》。近江《おうみ》から東海地方《とうかいちほう》まで商圏《しょうけん》を広《ひろ》げ、鉄砲《てっぽう》などの武器《ぶき》もあつかって莫大《ばくだい》な富《とみ》を得《え》る。信長《のぶなが》の政権《せいけん》に関与《かんよ》し、信長《のぶなが》の茶頭《さどう》となった。

金ケ崎《かねがさき》の退《の》き口《ぐち》

「なに？　朝倉義景《あさくらよしかげ》が上洛《じょうらく》しないだと？」

永禄《えいろく》13（1570）年《ねん》2月末《がつすえ》から、信長《のぶなが》は、京都《きょうと》にいた。上洛《じょうらく》するたびに宿舎《しゅくしゃ》にしている妙覚寺《みょうかくじ》だ。

じつは信長《のぶなが》は、年《とし》が明《あ》けてすぐ、義昭《よしあき》にきびしい書状《しょじょう》を送《おく》っていた。

信長《のぶなが》は義昭《よしあき》に「わたしの許可《きょか》なく勝手《かって》な決定《けってい》をしないように」とつきつけたのだ。なぜなら、義昭《よしあき》は自分《じぶん》が将軍《しょうぐん》だという自負《じふ》から、全国《ぜんこく》の大名《だいみょう》に命令《めいれい》を出《だ》したり、側近《そっきん》の者《もの》に思《おも》うままに領地《りょうち》をあたえたりしていたからだ。

（将軍《しょうぐん》といえども、この信長《のぶなが》の許可《きょか》なく、好《す》き勝手《かって》されてはこまるのだ。）

このあたりから信長《のぶなが》と義昭《よしあき》の関係《かんけい》が悪化《あっか》していく。

さらに信長《のぶなが》は、畿内周辺《きないしゅうへん》の大名《だいみょう》たちに、上洛《じょうらく》して、義昭《よしあき》への臣従《しんじゅう》、信長《のぶなが》への服属《ふくぞく》を誓《ちか》うように命《めい》じた。

その結果《けっか》、2月末《がつすえ》から4月《がつ》にかけて、徳川家康《とくがわいえやす》、松永久秀《まつながひさひで》らが上洛《じょうらく》し、宇喜多直家《うきたなおいえ》らは使者《ししゃ》を遣《つか》わしたのだが、信長《のぶなが》が「上洛《じょうらく》すべき。」と思《おも》っていたひとり、越前《えちぜん》の国《くに》の朝倉義景《あさくらよしかげ》が上洛《じょうらく》してこなかった。

これは予想《よそう》していたことではあった。

（わしが浅井長政《あざいながまさ》と同盟《どうめい》をむすんだことをおこっているにちがいあるまい。）

そもそもむすばれていた朝倉《あさくら》・浅井同盟《あざいどうめい》に、信長《のぶなが》がわって入《はい》ったかたちになっているからだ。

4月20日《がつはつか》、信長《のぶなが》は、そばにいる木下秀吉《きのしたひでよし》に言《い》った。

「猿《さる》、これより、朝倉義景《あさくらよしかげ》を討《う》つぞ。」

「いよいよでございますな。」

「徳川《とくがわ》もいくさにくわわる。」

「それは、たのもしいですな。」

4月20日《がつはつか》に京都《きょうと》を発《た》った織田《おだ》・徳川同盟軍《とくがわどうめいぐん》は、近江《おうみ》の国坂本《くにさかもと》を経《へ》て、越前《えちぜん》の国敦賀《くにつるが》の天筒山城《てづつやまじょう》（手筒山城《てづつやまじょう》）、金ケ崎城《かねがさきじょう》、疋壇城《ひきだじょう》と、朝倉氏《あさくらし》の城《しろ》をつぎつぎに落《お》とし、あとは木ノ芽峠《きのめとうげ》をこえて、朝倉氏《あさくらし》の本拠地《ほんきょち》がある一乗谷方面《いちじょうだにほうめん》へせめいるばかりだった。

いくさの途中《とちゅう》の23日《にち》、元亀《げんき》と元号《げんごう》がかわった。

江戸時代以前《えどじだいいぜん》の日本《にっぽん》は「一世一元《いっせいいちげん》の制《せい》」ではなかった。天皇《てんのう》が代《か》わるとき以外《いがい》にも、たとえば縁起《えんぎ》をかついで元号《げんごう》をかえることが多《おお》かった。

木ノ芽峠《きのめとうげ》をこえるまえ、信長《のぶなが》は野営《やえい》をしながら、いらだっていた。

「猿《さる》、浅井《あざい》はまだか。」

「ここぞというときに出《で》てくるのやもしれませぬな。」

「徳川殿《とくがわどの》は、京都《きょうと》からいっしょだというに。なのに、市《いち》の夫《おっと》は来《こ》ぬとは。」

そのとき、伝令《でんれい》が走《はし》ってきた。

「殿《との》！　小谷城《おだにじょう》のお市《いち》さまから差《さ》し入《い》れにございます！」

秀吉《ひでよし》と信長《のぶなが》は顔《かお》をあげた。

「お市《いち》さまが……！」

「なに……。」

秀吉《ひでよし》は目《め》をかがやかせたが、信長《のぶなが》はいぶかしげな顔《かお》つきになった。

伝令《でんれい》が、あるものをさしだしてきた。

布《ぬの》でつつまれた筒状《つつじょう》のもので、筒《つつ》の両端《りょうたん》がひもでむすばれている。

受《う》けとった信長《のぶなが》が、包《つつ》みをほどくと、中《なか》には小豆《あずき》がたくさん入《はい》っていた。

「小豆袋《あずきぶくろ》……。」

「みょうな差《さ》し入《い》れですな。餡子《あんこ》になっているならともかく……。」

「たしかに、このままじゃ食《く》えん……。」

信長《のぶなが》は、はっと顔《かお》をあげた。

「浅井長政《あざいながまさ》め！」

小豆袋《あずきぶくろ》を見《み》て首《くび》をかしげている秀吉《ひでよし》に、信長《のぶなが》は言《い》ってやった。

「猿《さる》、市《いち》をほめてやらねばならん。」

「どういうことです？」

「浅井長政《あざいながまさ》の裏切《うらぎ》りを知《し》らせてきおった。」

「えっ！」

「袋《ふくろ》のねずみ。」

「は？」

「この袋《ふくろ》の中《なか》の小豆《あずき》はわが織田《おだ》・徳川《とくがわ》の軍《ぐん》、片方《かたほう》のひもが朝倉《あさくら》、もう片方《かたほう》のひもが浅井《あざい》。つまり、われわれは袋《ふくろ》のねずみ、という意味《いみ》じゃ。朝倉《あさくら》と浅井《あざい》は、わが軍《ぐん》をはさみうちにするつもりじゃ。——猿《さる》、いますぐ撤退《てったい》じゃ！　みなを集《あつ》めよ！」

いま、ここで撤退《てったい》しなければ、織田《おだ》・徳川連合軍《とくがわれんごうぐん》は全滅《ぜんめつ》してしまう。

おもだった家臣《かしん》たちが集《あつ》まってくるのを見《み》ながら、脳裏《のうり》に、撤退《てったい》する自軍《じぐん》の姿《すがた》がうかんでいた。

撤退《てったい》するとき、いちばん重要《じゅうよう》かつ危険《きけん》な持《も》ち場《ば》は「殿《しんがり》」とよばれる最後尾《さいこうび》だ。

「このなかで殿《しんがり》をつとめてくれる者《もの》は！」

みな、おしだまる。

殿《しんがり》は、おそらく木《き》ノ芽《め》峠《とうげ》からせめおりてくる朝倉軍《あさくらぐん》の攻撃《こうげき》を一手《いって》に受《う》けてたたなければならない。防波堤《ぼうはてい》となって、みなのために「死《し》んでもいい。」と宣言《せんげん》しているようなものだからだ。

「お館《やかた》さま！」

秀吉《ひでよし》が一歩前《いっぽまえ》に出《で》た。

「この木下藤吉郎秀吉《きのしたとうきちろうひでよし》におまかせを！」

「猿《さる》……。」

「ささっ、お館《やかた》さま、早《はや》くおにげください！」

「猿《さる》！　まかせたぞ！　かならずや京都《きょうと》までもどってこい！」

「ははーっ！」

「みなの者《もの》！　京都《きょうと》までかけるぞ！　ついてこれるものだけ、ついてまいれ！」

信長《のぶなが》は、馬《うま》に乗《の》ると、はらをけった。

（猿《さる》、死《し》ぬな！　死《し》ぬなよ！　おまえのこと、信《しん》じておるぞ！）

信長《のぶなが》は、心《こころ》の中《なか》で思《おも》っていた。

これを「金《かね》ケ崎《がさき》の退《の》き口《ぐち》」という。

信長《のぶなが》は、地元《じもと》の武将《ぶしょう》、朽木元綱《くつきもとつな》の案内《あんない》で、敦賀《つるが》から、琵琶湖《びわこ》の西《にし》の朽木谷《くつきだに》をこえて、翌々日《よくよくじつ》の夜半近《やはんちか》く、ようやく京都《きょうと》にもどることができた。

そのとき、信長《のぶなが》のそばには10人《にん》ほどしかのこっていなかったという。

まさに命《いのち》からがら。信長《のぶなが》の生涯《しょうがい》のなかで、もっともあぶないいくさとなった。

いっぽう殿《しんがり》としてのこった秀吉《ひでよし》は多《おお》くの武将《ぶしょう》をうしなったが、ぶじにもどった。

やがて六角義賢《ろっかくよしかた》も浅井長政《あざいながまさ》に呼応《こおう》して挙兵《きょへい》。信長《のぶなが》は家臣《かしん》の稲葉良通《いなばよしみち》を守山《もりやま》に派遣《はけん》して琵琶湖沿岸《びわこえんがん》の安全《あんぜん》を確保《かくほ》した。

残《のこ》りの将兵《しょうへい》たちが京都《きょうと》にもどり、体《からだ》を休《やす》ませたのちの5月9日《がつここのか》、信長《のぶなが》は兵《へい》をひきいて京都《きょうと》を発《た》った。

だが……。

信長《のぶなが》のもとに伝令《でんれい》からの連絡《れんらく》が入《はい》る。

浅井長政《あざいながまさ》が動《うご》きだし、さらに一向一揆《いっこういっき》も起《お》きたという。

金ケ崎《かねがさき》の退《の》き口《ぐち》で将兵《しょうへい》たちのつかれがのこっているため、いくさは避《さ》けたかった。

信長《のぶなが》は家臣《かしん》たちに命《めい》じた。

「千草越《ちぐさご》えにて伊勢《いせ》にぬける。」

雨乞山《あまごいやま》の山腹《さんぷく》を登《のぼ》り、鈴鹿山脈《すずかさんみゃく》をぬけるルートだ。これを「千草越《ちぐさご》え」という。

馬上《ばじょう》の信長《のぶなが》を先頭《せんとう》に、甲津畑《かづはた》(滋賀県東近江市甲津畑町《しがけんひがしおうみしこうづはたちょう》)の山道《やまみち》を進《すす》んでいるときだった。

ズキューン!

ズキューン!

銃声《じゅうせい》が2発《はつ》とどろいた。

銃弾《じゅうだん》が信長《のぶなが》の体《からだ》をかすめ、馬上《ばじょう》にいる信長《のぶなが》のわきの木《き》の皮《かわ》がとびちった。

――「お館《やかた》さま!」

馬《うま》に乗《の》った家臣《かしん》たち、徒《かち》の家臣《かしん》たちが信長《のぶなが》をとりかこむ。

銃声《じゅうせい》は二度《にど》と聞《き》こえることはなかった。

信長《のぶなが》は顔《かお》をしかめながら、あたりを見《み》まわし、つぶやいた。

「いったい、なにやつ……。」

このとき信長《のぶなが》を狙撃《そげき》したのは杉谷善住坊《すぎたにぜんじゅうぼう》という火縄銃《ひなわじゅう》の名手《めいしゅ》。

信長《のぶなが》を守《まも》るように囲《かこ》んだ秀吉《ひでよし》が言《い》う。

「場所《ばしょ》がら、お館《やかた》さまに近江《おうみ》の国《くに》を追《お》われ、いま挙兵《きょへい》している六角義賢《ろっかくよしかた》が放《はな》った刺客《しかく》では？」

「考《かんが》えられるな。どこのだれであれ、どんな目的《もくてき》であれ、ありとあらゆる手段《しゅだん》でつかまえろ。この信長《のぶなが》の命《いのち》をねらうとは、いい度胸《どきょう》をしている。」

岐阜《ぎふ》にもどった信長《のぶなが》は、すぐさま金ケ崎《かねがさき》ぜめのさいにうらぎった浅井長政《あざいながまさ》ぜめにうつった。

まず小谷城下《おだにじょうか》を焼《や》きはらうや、ふたたび三河《みかわ》の国《くに》からかけつけてきた徳川家康《とくがわいえやす》とともに陣《じん》をはった。

浅井長政《あざいながまさ》も、援軍《えんぐん》にかけつけてきた朝倉景健《あさくらかげたけ》と合流《ごうりゅう》。6月下旬《がつげじゅん》、織田《おだ》・徳川連合軍約《とくがわれんごうぐんやく》2万《まん》9000人《にん》と、浅井《あざい》・朝倉連合軍約《あさくられんごうぐんやく》1万《まん》8000人《にん》が姉川《あねがわ》をはさんで対峙《たいじ》。6月《がつ》28日朝《にちあさ》、姉川《あねがわ》の戦《たたか》いが始《はじ》まった。

激戦《げきせん》のすえ、まず朝倉軍《あさくらぐん》が徳川軍《とくがわぐん》にせめくずされて撤退《てったい》。浅井軍《あざいぐん》も総《そう》くずれになって小谷城《おだにじょう》に敗走《はいそう》した。

さらに信長《のぶなが》は横山城《よこやまじょう》を落《お》として木下秀吉《きのしたひでよし》を配置《はいち》し、小谷城《おだにじょう》を見張《みは》らせた。

だが、信長《のぶなが》の目《め》が浅井《あざい》・朝倉氏《あさくらし》のほうを向《む》いているすきに、四国《しこく》の阿波《あわ》の国《くに》（現在《げんざい》の徳島県《とくしまけん》）に敗走《はいそう》していた三好三人衆《みよしさんにんしゅう》が京都《きょうと》に向《む》けて畿内《きない》に侵入《しんにゅう》。

岐阜《ぎふ》を発《た》った信長《のぶなが》は京都《きょうと》に入《はい》り、足利義昭《あしかがよしあき》にも挙兵《きょへい》させた。

そこへ大坂本願寺《おおざかほんがんじ》〔3〕の住職《じゅうしょく》で、一向宗《いっこうしゅう》（浄土真宗《じょうどしんしゅう》）の第《だい》11世宗主《せいそうしゅ》の顕如《けんにょ》が、同《おな》じ一向宗《いっこうしゅう》の僧侶《そうりょ》や門徒《もんと》を集《あつ》め一向一揆《いっこういっき》を起《お》こしていった。さらに浅井《あざい》・朝倉氏《あさくらし》、三好三《みよしさん》人衆《にんしゅう》とも手《て》をむすんでしまう。

そもそも信長《のぶなが》が義昭《よしあき》を将軍《しょうぐん》につかせるために上洛《じょうらく》したとき、顕如《けんにょ》に矢銭《やせん》5000貫《がん》を要求《ようきゅう》したことから始《はじ》まった対立《たいりつ》だった。

信長《のぶなが》が一向一揆《いっこういっき》に手《て》を焼《や》いているさなかに、南近江《みなみおうみ》の宇佐山城《うさやまじょう》を守《まも》らせていた弟《おとうと》の織田信治《おだのぶはる》、森可成《もりよしなり》（のちに登場《とうじょう》する蘭丸《らんまる》・坊丸《ぼうまる》・力丸《りきまる》の父《ちち》）が浅井《あざい》・朝倉連合軍《あさくられんごうぐん》とたたかって討《う》ち死《じ》に。

「おのれ、浅井《あざい》、朝倉《あさくら》め！」

京都《きょうと》から全軍《ぜんぐん》でかけつけたところ、浅井《あざい》・朝倉連合軍《あさくられんごうぐん》は、比叡山《ひえいざん》に立《た》てこもってしまった……。

信長《のぶなが》が近江《おうみ》の国《くに》から動《うご》けなくなったのを見《み》て、伊勢《いせ》の国長島《くにながしま》でも一向一揆《いっこういっき》が起《お》き、

［3］現在《げんざい》の大阪城本丸《おおさかじょうほんまる》付近《ふきん》にあった浄土真宗《じょうどしんしゅう》の寺院《じいん》。江戸時代《えどじだい》に石山本願寺《いしやまほんがんじ》と通称《つうしょう》されるようになった。

尾張《おわり》の国《くに》があぶなくなってきた。

信長《のぶなが》は足利義昭《あしかがよしあき》にはたらきかけ、朝倉義景《あさくらよしかげ》と和睦《わぼく》する。

信長《のぶなが》はぶじ岐阜《ぎふ》にもどることができたが、信長《のぶなが》から自由《じゆう》になりたい足利義昭《あしかがよしあき》は、あちこちに「織田信長《おだのぶなが》を討《う》て。」と手紙《てがみ》を送《おく》った。

その結果《けっか》、信長《のぶなが》と敵対《てきたい》している朝倉義景《あさくらよしかげ》、浅井長政《あざいながまさ》、本願寺顕如《ほんがんじけんにょ》、三好三人衆《みよしさんにんしゅう》、一度《いちど》は信長《のぶなが》になびいていた松永久秀《まつながひさひで》、さらに新《あら》たに、甲斐《かい》の国《くに》（現在《げんざい》の山梨県《やまなしけん》）の武田《たけだ》信玄《しんげん》らによる「織田信長包囲網《おだのぶながほういもう》」が張《は》られることになってしまう。

比叡山焼《ひえいざんや》き討《う》ち

年《とし》が明《あ》け、元亀《げんき》２（１５７１）年《ねん》となった。

織田信長《おだのぶなが》は、岐阜城《ぎふじょう》で諸大名《しょだいみょう》の参賀《さんが》を受《う》けた。

おおかた客人《きゃくじん》たちが帰《かえ》ったあと、木下秀吉《きのしたひでよし》が聞《き》いてきた。

「お館《やかた》さま、今年《ことし》は、まず、なにをなさいますか。」

「昨年《さくねん》は凶年《きょうねん》であった。まさに四面楚歌《しめんそか》。」

四面楚歌《しめんそか》――信長《のぶなが》によって権力《けんりょく》をとりあげられた将軍足利義昭《しょうぐんあしかがよしあき》が張《は》った「織田信長《おだのぶなが》包囲網《ほういもう》」のせいで、周囲《しゅうい》が敵《てき》だらけになったことを指《さ》している。

「今年中《ことしじゅう》に……。」

信長《のぶなが》は、そこで言葉《ことば》を切《き》って言《い》った。

「比叡山《ひえいざん》を焼《や》き討《う》ちにしてくれる。」

「比叡山《ひえいざん》を……焼《や》き討《う》ち……。」

高野山金剛峰寺《こうやさんこんごうぶじ》とならび、比叡山延暦寺《ひえいざんえんりゃくじ》は平安仏教《へいあんぶっきょう》の二大勢力《にだいせいりょく》だった。最澄《さいちょう》（伝教大師《でんぎょうだいし》）によって開《ひら》かれた天台宗《てんだいしゅう》の本山《ほんざん》だ。歴代《れきだい》、トップの貫主《かんじゅ》は「天台座主《てんだいざす》」とよばれていた。南北朝時代《なんぼくちょうじだい》の護良親王《もりよししんのう》、室町幕府《むろまちばくふ》6代将軍足利義教《だいしょうぐんあしかがよしのり》が将軍職《しょうぐんしょく》につく以前《いぜん》に天台座主《てんだいざす》だったことからもわかるように、古《ふる》くから皇室《こうしつ》や武家政権《ぶけせいけん》とむすびつき、強大《きょうだい》な権力《けんりょく》をほこっていた。

「将軍義昭《しょうぐんよしあき》とむすんだだけでなく、浅井《あざい》・朝倉連合軍《あさくられんごうぐん》をかくまいましたからな。しかし……。」

「なんじゃ。申《もう》してみよ。」

「寺《てら》を、それも比叡山《ひえいざん》を焼《や》き討《う》ちにして、だいじょうぶなのでございましょうか。」

「よいか、猿《さる》。比叡山は『王城《おうじょう》の鎮守《ちんじゅ》』でなければならんのだ。にもかかわらず、将《しょう》軍《ぐん》、一部《いちぶ》の大名《だいみょう》に味方《みかた》するとはなにごとだ。それだけではない。僧侶《そうりょ》であるにもかかわらず、武装《ぶそう》した僧兵《そうへい》を常駐《じょうちゅう》させておる。わしがなにを言《い》うても無視《むし》じゃ。」

「さようですな。」

「しかも、やつらは、遊《あそ》び女《め》をはべらせ、鳥《とり》や魚《さかな》を食《く》らい、商売《しょうばい》にもうつつをぬかしているのだぞ！　ちがうか！」

「ははっ、おおせのとおりで。」

信長《のぶなが》は、本国《ほんごく》の尾張《おわり》の国《くに》を苦《くる》しめていた伊勢《いせ》の国《くに》の長島一向一揆《ながしまいっこういっき》に兵《へい》をさしむけるいっぽう、この年《とし》、元亀《げんき》2（1571）年《ねん》9月《がつ》12日《にち》、比叡山焼《ひえいざんや》き討《う》ちを決行《けっこう》する。

ちなみに長島一向一揆《ながしまいっこういっき》は天正《てんしょう》2（1574）年《ねん》までつづくことになる。

比叡山《ひえいざん》は、ひとつだけ計算《けいさん》ちがいをしていた。たとえ信長《のぶなが》といえども、比叡山《ひえいざん》に手《て》出《だ》しはできないだろうと油断《ゆだん》していたのだ。

だが信長《のぶなが》は、前例《ぜんれい》が通用《つうよう》しない男《おとこ》だった。

比叡山《ひえいざん》のふもとで、信長《のぶなが》は全軍《ぜんぐん》に命《めい》じた。

「すべてを焼《や》きはらってしまえ！」

信長《のぶなが》は、建物《たてもの》という建物《たてもの》すべてを焼《や》きはらわせた。

比叡山山中《ひえいざんさんちゅう》の僧侶《そうりょ》だけでなく老若男女《ろうにゃくなんにょ》が、とるものもとりあえず裸足《はだし》のまま出《で》てきて、右往左往《うおうさおう》しながらにげまどった。

信長《のぶなが》は命《めい》じた。

「全員《ぜんいん》、斬《き》りすててしまえ！」

家臣《かしん》のひとりが聞《き》いてきた。

「女《おんな》、子《こ》どももでございますか。」

「そうだ。」

ここでいう「女《おんな》」とは、僧《そう》たちが引《ひ》きいれた遊《あそ》び女《め》。「子《こ》」というのは子《こ》どものぼうずのこと。

そこへ、重臣《じゅうしん》のひとり、明智光秀《あけちみつひで》が進《すす》みでた。

「女《おんな》、子《こ》どもまでも、というのは、情《なさ》け容赦《ようしゃ》なさすぎでは……。」

「うるさい！　金柑頭《きんかあたま》！」

金柑頭《きんかあたま》とは禿頭《はげあたま》のこと。

光秀《みつひで》の「秀《しゅう》」の上半分《うえはんぶん》と「光《ひかり》」の下半分《したはんぶん》を組《く》みあわせると「禿《はげ》」という字《じ》になるという説《せつ》もあるが、どうもこじつけらしい。

明智光秀《あけちみつひで》の前半生《ぜんはんせい》はよくわかっていない。明智氏《あけちし》は、美濃《みの》の国《くに》の土岐氏《ときし》の支流《しりゅう》。信《のぶ》長《なが》の正室《せいしつ》帰蝶《きちょう》の父《ちち》斎藤道三《さいとうどうさん》に仕《つか》えていたとも、帰蝶《きちょう》のいとこだったともされているが、いつから信長《のぶなが》に仕《つか》えるようになったのかは、わかっていない。

ただ光秀《みつひで》という男《おとこ》は、信長《のぶなが》より年上《としうえ》で、頭《あたま》がよく、有職故実《ゆうそくこじつ》という、公家《くげ》や武家《ぶけ》の行事《ぎょうじ》や作法《さほう》に通《つう》じていた。

だからこそ信長《のぶなが》は、朝廷《ちょうてい》との連絡役《れんらくやく》、いくさの後処理《あとしょり》など、面倒《めんどう》な仕事《しごと》をまかせていた。織田家中《おだかちゅう》にとっては欠《か》かせない存在《そんざい》なのだが、いかんせん、信長《のぶなが》は光秀《みつひで》のことが、生理的《せいりてき》にきらいだったようだ。

天才《てんさい》タイプの信長《のぶなが》と、秀才《しゅうさい》タイプの光秀《みつひで》は、反《そ》りが合《あ》わなかったのだ。すごすごと引《ひ》きさがった光秀《みつひで》は、信長《のぶなが》の命令《めいれい》を「どうしたものか。」と思《おも》いながらも素直《すなお》にしたがうしかなかった。

だが木下秀吉《きのしたひでよし》の言動《げんどう》は、光秀《みつひで》とはちがっていた。

秀吉《ひでよし》は、自分《じぶん》が受《う》けもっていた地区《ちく》で声《こえ》をかけていた。

「そこの女子《おなご》たち、小《こ》ぼうずたち……こっちじゃ、こっちに来《こ》い。」

遊《あそ》び女《め》たちや小《こ》ぼうずたちは、秀吉《ひでよし》の前《まえ》からにげようとする。

「安心《あんしん》せえ。声《こえ》を立《た》てなかったら、殺《ころ》しはせん。いまのうち、ここからにげろ。わしを信《しん》じろ。」

秀吉《ひでよし》は、遊《あそ》び女《め》や小《こ》ぼうずだけはこっそりにがしてやった。信長《のぶなが》の言《い》うとおりだとしても、罪《つみ》があるのは大人《おとな》の僧侶《そうりょ》たち。遊《あそ》び女《め》や小《こ》ぼうずたちに罪《つみ》はないからだ。

この時代《じだい》のある公家《くげ》は、この比叡山《ひえいざん》焼《や》き討《う》ちを「天魔《てんま》の所為《しょい》」「仏法破滅《ぶっぽうはめつ》」と日記《にっき》に書《か》いて批判《ひはん》した。

だが江戸時代《えどじだい》になると、儒学者《じゅがくしゃ》の新井白石《あらいはくせき》は、残忍《ざんにん》な行為《こうい》だが、僧《そう》たちの「凶悪《きょうあく》」をとりのぞいた功績《こうせき》は大《おお》きいと評価《ひょうか》した。

翌日《よくじつ》、信長《のぶなが》は後処理《あとしょり》を明智光秀《あけちみつひで》にまかせて比叡山《ひえいざん》を出立《しゅったつ》したという。比叡山《ひえいざん》は夜通《よどお》しもえ、さらに15日《にち》までもえていた。

3 織田《おだ》信長《のぶなが》包囲網《ほういもう》

室町幕府《むろまちばくふ》滅亡《めつぼう》

「援軍要請《えんぐんようせい》……。」

織田信長《おだのぶなが》は、家康《いえやす》の手紙《てがみ》から顔《かお》をあげて、歯《は》がゆそうに顔《かお》をゆがめた。

(徳川殿《とくがわどの》、いますぐにでもかけつけたいのはやまやまなのだが……。)

信長《のぶなが》が、こんな思《おも》いをしなければならないのは、すべて足利義昭《あしかがよしあき》が張《は》った「織田信《おだのぶ》長包囲網《ながほういもう》」のせいだ。

家康《いえやす》からの手紙《てがみ》によれば、義昭《よしあき》の要望《ようぼう》にこたえるかたちで、甲斐《かい》の国《くに》の武田信玄《たけだしんげん》が、甲府《こうふ》の躑躅ケ崎館《つつじがさきやかた》を発《た》って、上洛《じょうらく》の途《と》についたらしい。

中山道《なかせんどう》を通《とお》らず、一度東海地方《いちどとうかいちほう》に南下《なんか》。徳川家康《とくがわいえやす》の領国《りょうごく》の遠江《とおとうみ》の国《くに》、さらに三河《みかわ》の

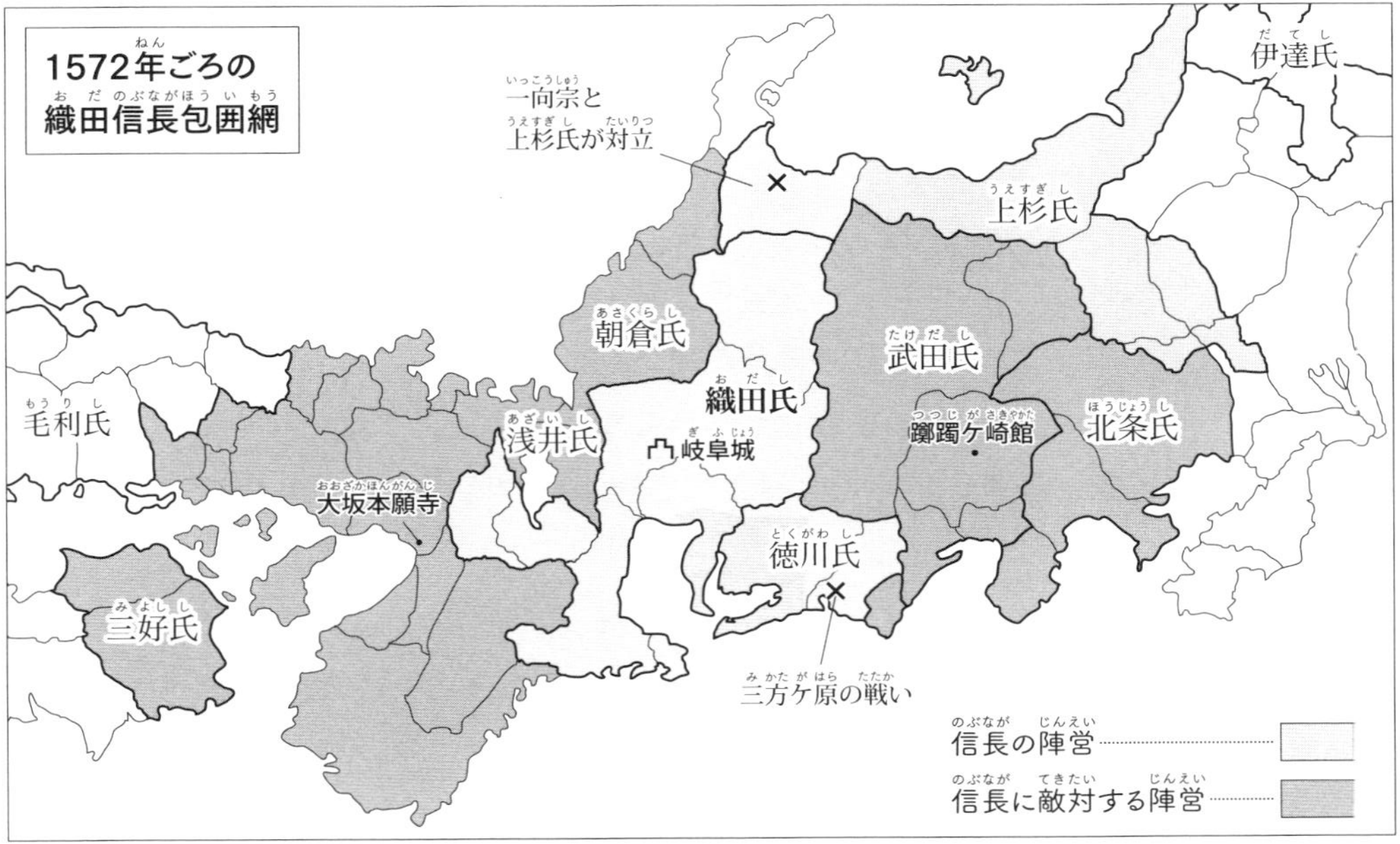

1572年《ねん》ごろの
織田信長包囲網《おだのぶながほういもう》
一向宗《いっこうしゅう》と
上杉氏《うえすぎし》が対立《たいりつ》
伊達氏《だてし》
上杉氏《うえすぎし》
朝倉氏《あさくらし》
武田氏《たけだし》
織田氏《おだし》
毛利氏《もうりし》
浅井氏《あざいし》
岐阜城《ぎふじょう》
躑躅ケ崎館《つつじがさきやかた》
北条氏《ほうじょうし》
大坂本願寺《おおさかほんがんじ》
徳川氏《とくがわし》
三好氏《みよしし》
三方ケ原《みかたがはら》の戦《たたか》い
信長《のぶなが》の陣営《じんえい》
信長《のぶなが》に敵対《てきたい》する陣営《じんえい》

国《くに》を通過《つうか》しながら西《にし》に向《む》かうつもりなのだ。

家康《いえやす》は、三河《みかわ》の国《くに》の岡崎城《おかざきじょう》を息子《むすこ》の竹千代《たけちよ》（のち信康《のぶやす》）にわたし、みずからは遠江《とおとうみ》の国《くに》の浜松城《はままつじょう》にうつっている。

――「武田《たけだ》と衝突《しょうとつ》しそうだから、軍《ぐん》を送《おく》ってほしい。」

だが……。

浅井《あざい》・朝倉《あさくら》を見張《みは》り、背後《はいご》には京都《きょうと》の足利義昭《あしかがよしあき》、大坂本願寺《おおざかほんがんじ》らの不穏《ふおん》の動《うご》きを背負《せお》っている信長《のぶなが》は、岐阜城《ぎふじょう》から動《うご》くわけにはいかなかった。

家康《いえやす》とは、家康《いえやす》が「竹千代《たけちよ》」とよばれた時代《じだい》からの仲《なか》。

しかも桶狭間《おけはざま》の戦《たたか》い後《ご》、家康《いえやす》が今川家《いまがわけ》から独立《どくりつ》したあと、ずっと同盟《どうめい》をむすんでいる。

それだけではない。

信長《のぶなが》がはじめて上洛《じょうらく》したあとも、朝倉《あさくら》ぜめで金ケ崎《かねがさき》まで出陣《しゅつじん》したときも、姉川《あねがわ》の戦《たたか》いのときも、家康《いえやす》はみずから兵《へい》をひきいていくさにくわわってくれてきた。

これまでの恩《おん》にこたえるためにも、信長《のぶなが》も、大軍《たいぐん》をひきいて参陣《さんじん》したい。

だが動《うご》けないのだ。

いま信長《のぶなが》が岐阜《ぎふ》を出《で》れば、南近江《みなみおうみ》、美濃国内《みのこくない》に浅井《あざい》・朝倉軍《あさくらぐん》がせめいるだろう。

それだけではない。

足利義昭《あしかがよしあき》に味方《みかた》する大名《だいみょう》たちがいっせいに畿内《きない》に集結《しゅうけつ》しかねない。

だから信長《のぶなが》は、いまは岐阜《ぎふ》にいて、京都《きょうと》の義昭《よしあき》、その義昭《よしあき》に味方《みかた》する大名《だいみょう》たちのほうへ目《め》を光《ひか》らせていなければならないのだ。

だからといって……。

「援軍《えんぐん》を送《おく》らないわけにもいくまいな。」

信長《のぶなが》はすこし考《かんが》えてから、４人《にん》の家臣《かしん》をよんだ。

「林《はやし》、佐久間《さくま》、水野《みずの》、そして平手《ひらて》、たのんでよいか。」

宿老《しゅくろう》で61歳《さい》の林秀貞《はやしひでさだ》、46歳《さい》の佐久間信盛《さくまのぶもり》、やはり高齢《こうれい》の水野信元《みずののぶもと》、逆《ぎゃく》にわかい20歳《はたち》の平手汎秀《ひらてひろひで》の４人《にん》だ。

信長《のぶなが》は、この4人《にん》に約《やく》3000の兵《へい》をひきいさせて、徳川《とくがわ》のもとに送《おく》った。

「籠城《ろうじょう》しかございますまい！」

浜松城《はままつじょう》では、家康《いえやす》を囲《かこ》んで徳川家臣団《とくがわかしんだん》の軍議《ぐんぎ》がとりおこなわれていた。

先《さき》ほどから、重臣《じゅうしん》たちからは、しきりに籠城策《ろうじょうさく》をおす声《こえ》があがっていた。

重臣《じゅうしん》たちは、武田信玄《たけだしんげん》という存在《そんざい》、そしてなにより、その名《な》を世《よ》にとどろかせている「武田騎馬軍団《たけだきばぐんだん》」に脅威《きょうい》を感《かん》じているのだ。

だが家康《いえやす》は首《くび》を横《よこ》にふった。

「いや。それでは武門《ぶもん》の名折《なお》れじゃ。籠城《ろうじょう》はせん！」

元亀《げんき》3（1572）年《ねん》12月《がつ》22日《にち》、織田《おだ》からのわずかな援軍《えんぐん》を得《え》た徳川家康《とくがわいえやす》は、武田《たけだ》信玄《しんげん》にさそいだされて、三方ケ原《みかたがはら》に出陣《しゅつじん》していった。

だが、すでに武田軍《たけだぐん》が準備万端《じゅんびばんたん》で待《ま》ちかまえていたため、いくさは大敗《たいはい》してしまう。

家康《いえやす》は、少《すく》ない将兵《しょうへい》とともに敗走《はいそう》した。

家康《いえやす》の人生《じんせい》のなかでも、もっともなさけない敗戦《はいせん》となった。家康《いえやす》は生涯《しょうがい》、三方ケ原《みかたがはら》の戦《たたか》いの敗戦《はいせん》を教訓《きょうくん》としつづけた。


いくさに大勝《たいしょう》した信玄《しんげん》は、遠江《とおとうみ》の国《くに》から三河《みかわ》の国《くに》へも侵入《しんにゅう》。信長出身《のぶながしゅっしん》の領地《りょうち》、尾張《おわり》の国《くに》を目指《めざ》して上洛《じょうらく》をつづけることになる。

いくさの結果《けっか》は、その信長《のぶなが》のもとに知《し》らされてきた。

三方ケ原《みかたがはら》の戦《たたか》いで、信長《のぶなが》が派遣《はけん》したなかでもいちばんわかかった武将《ぶしょう》、平手汎秀《ひらてひろひで》が敵《てき》を深追《ふかお》いして討《う》ち死《じ》にしたことを聞《き》いた信長《のぶなが》は、ほかの宿老《しゅくろう》たちをしかりつけた。

「汎秀《ひろひで》を見殺《みごろ》しにしおって！」

信長《のぶなが》の脳裏《のうり》には、わかいころ、自分《じぶん》の「うつけ者《もの》」ぶりをいさめるために自害《じがい》した傅役《もりやく》、平手政秀《ひらてまさひで》のこわい顔《かお》がうかんでいた。

(政秀《まさひで》、すまぬ。そなたを自害《じがい》させたばかりか、せがれまでいくさで死《し》なせてしもうた。ゆるしてくれ、政秀《まさひで》。）

信長《のぶなが》は、ひざの上で拳《こぶし》をぎゅっとにぎりしめた。


年《とし》が明《あ》けた元亀《げんき》４（１５７３）年正月《ねんしょうがつ》。

三方ケ原《みかたがはら》の戦《たたか》いで武田信玄《たけだしんげん》が勝《か》ち、信長《のぶなが》と同盟《どうめい》をむすんでいる徳川家康《とくがわいえやす》が負《ま》けたことで、室町幕府《むろまちばくふ》15代将軍《だいしょうぐん》の足利義昭《あしかがよしあき》はごきげんだった。

「信長《のぶなが》め、息《いき》の根《ね》を止《と》めてくれるわ。いまのうちに信長打倒《のぶながだとう》の狼煙《のろし》をあげるのじゃ！」

いっぽう義昭《よしあき》の動《うご》きを察《さっ》していた信長《のぶなが》は、柴田勝家《しばたかついえ》、丹羽長秀《にわながひで》、明智光秀《あけちみつひで》らを出陣《しゅつじん》させ、みずからも岐阜《ぎふ》を発《た》ち、上洛《じょうらく》した。

4月《がつ》に入《はい》ったところで、洛外《らくがい》（京都《きょうと》の郊外《こうがい》）を焼《や》き、さらに上京《かみぎょう》（京都《きょうと》の北部《ほくぶ》。天皇《てんのう》がいる御所《ごしょ》のある地域《ちいき》）を焼《や》いて、義昭《よしあき》をおどした。

「義昭《よしあき》め、わしのおかげで将軍《しょうぐん》になれたくせに、なにが不満《ふまん》だというのじゃ。」

正親町天皇《おおぎまちてんのう》の調停《ちょうてい》によって、信長《のぶなが》と義昭《よしあき》は和睦《わぼく》した。義昭《よしあき》の無条件降服《むじょうけんこうふく》に等《ひと》しかったが、一時的《いちじてき》なものにすぎなかった。

一度岐阜城《いちどぎふじょう》にもどった信長《のぶなが》のもとに、訃報《ふほう》がとびこんできた。

「武田信玄《たけだしんげん》が死《し》んだ、だと……。」

そもそも甲斐《かい》の国《くに》を発《た》ったときから武田信玄《たけだしんげん》は体調不良《たいちょうふりょう》をうったえていたが、三河《みかわ》の国《くに》の野田城《のだじょう》を落《お》とした直後《ちょくご》に容体《ようだい》が急変《きゅうへん》。上洛《じょうらく》を中止《ちゅうし》し、甲斐《かい》の国《くに》に引《ひ》きあげる途中《とちゅう》、信濃《しなの》の国《くに》で病死《びょうし》したという。

信玄《しんげん》の死因《しいん》には諸説《しょせつ》あり、暗殺説《あんさつせつ》まであるが、胃《い》がんだったのではないかとされている。ずっと具合《ぐあい》が悪《わる》かったのだが、病《やまい》をおして出陣《しゅつじん》していたのだ。

信玄《しんげん》が亡《な》くなったのは、4月《がつ》12日《にち》のことだった。

信長《のぶなが》はひざをたたいた。

「風向《かざむ》きがかわってきたぞ。」

「織田信長包囲網《おだのぶながほういもう》」の中《なか》でも、足利義昭《あしかがよしあき》がもっともたのみの綱《つな》にしていたのは武田信《たけだしん》玄《げん》だった。その信玄《しんげん》が死《し》んだのだ。

1か所《しょ》でもやぶれて穴《あな》が空《あ》いた網《あみ》は、もう網《あみ》の役目《やくめ》をはたせない。中《なか》から魚《さかな》はにげてしまう。

岐阜《ぎふ》を発《た》った信長《のぶなが》は、近江《おうみ》の国《くに》の佐和山城《さわやまじょう》（滋賀県彦根市《しがけんひこねし》）に入《はい》ると、宿老《しゅくろう》の丹羽《にわ》長秀《ながひで》に命《めい》じた。

「大軍《たいぐん》を乗《の》せて琵琶湖《びわこ》をわたれる船《ふね》をつくれ！」

これまでの大名《だいみょう》が発想《はっそう》できなかったことだった。

5月半《がつなか》ばに命《めい》じ、7月《がつ》はじめに、その船《ふね》は完成《かんせい》した。

長《なが》さ約《やく》54メートル、幅約《はばやく》13メートルで、櫓《ろ》が100ちょうもある船《ふね》だった。

「この船《ふね》で、京都《きょうと》にせめいるぞ！」

信長《のぶなが》が、琵琶湖《びわこ》の北東岸《ほくとうがん》に位置《いち》する佐和山城《さわやまじょう》から船《ふね》でこぎだし、琵琶湖西南岸《びわこせいなんがん》の坂《さか》本《もと》に将兵《しょうへい》と武器《ぶき》を運《はこ》んだころ、足利義昭《あしかがよしあき》は宇治《うじ》の槇島城《まきしまじょう》に立《た》てこもって挙兵《きょへい》した。

信長《のぶなが》は、義昭《よしあき》がいた二条御所《にじょうごしょ》を落《お》とし、すぐさま槇島城《まきしまじょう》をせめた。

信長《のぶなが》の大軍《たいぐん》の前《まえ》に、義昭《よしあき》はひとたまりもなかった。
信長《のぶなが》は義昭《よしあき》を殺《ころ》さず、追放《ついほう》にした。みずから将軍《しょうぐん》につけた義昭《よしあき》を殺《ころ》したとあっては
かっこうがつかないからだ。
1573年《ねん》、ここに、足利尊氏《あしかがたかうじ》が開《ひら》いてから237年《ねん》つづいた室町幕府《むろまちばくふ》は滅亡《めつぼう》。
追放《ついほう》の身《み》となった義昭《よしあき》は流浪《るろう》の身《み》となり、各地《かくち》を転々《てんてん》とすることになる。
京都《きょうと》を制圧《せいあつ》した信長《のぶなが》は、正親町天皇《おおぎまちてんのう》にねがいでて元号《げんごう》を「天正《てんしょう》」とあらため、岐阜《ぎふ》
に帰《かえ》り、すぐに次《つぎ》の準備《じゅんび》にとりかかった。

浅井《あざい》・朝倉滅亡《あさくらめつぼう》

「信玄《しんげん》は死《し》に、義昭《よしあき》は追放《ついほう》した。のこるは、浅井《あざい》・朝倉《あさくら》と大坂《おおざか》の本願寺《ほんがんじ》のみ。」
足利義昭《あしかがよしあき》が張《は》った「織田信長包囲網《おだのぶながほういもう》」が完全《かんぜん》にやぶれたことで、当面《とうめん》の敵《てき》は浅井長《あざいなが》
政《まさ》と朝倉義景《あさくらよしかげ》、大坂本願寺《おおざかほんがんじ》のみとなった。

いまの、この勢《いきお》いを止《と》めたくなかった信長《のぶなが》は、京都《きょうと》から岐阜《ぎふ》に帰《かえ》ると、調略《ちょうりゃく》をかけていた浅井方《あざいがた》の武将《ぶしょう》のひとりが落《お》ちたのを見《み》はからって、天正《てんしょう》1（1573）年《ねん》8月《がつ》8日《ようか》に出陣《しゅつじん》した。

すぐさま小谷城《おだにじょう》を包囲《ほうい》した信長《のぶなが》は、浅井長政《あざいながまさ》の応援《おうえん》にきていた朝倉義景《あさくらよしかげ》と激突《げきとつ》。敗走《はいそう》する義景《よしかげ》を追《お》った。

「追《お》え！　にがすな！　あのときのお返《かえ》しじゃ！」

あのときというのは、3年半近《ねんはんちか》くまえ、浅井《あざい》・朝倉両軍《あさくらりょうぐん》に追《お》われた金ケ崎《かねがさき》の退《の》き口《ぐち》のときのことを指《さ》す。

信長《のぶなが》は大軍《たいぐん》で猛追《もうつい》した。

木ノ芽峠《きのめとうげ》をこえて越前《えちぜん》の国《くに》に突入《とつにゅう》。もともと越前《えちぜん》の国《くに》の中心《ちゅうしん》だった府中《ふちゅう》に陣《じん》をおいた。

信長《のぶなが》が将兵《しょうへい》たちを休《やす》ませているさなかの8月20日《がつはつか》、信長《のぶなが》のもとに急報《きゅうほう》が入《はい》った。

「朝倉義景《あさくらよしかげ》、一乗谷《いちじょうだに》をすて、にげこんだ寺《てら》で本日《ほんじつ》、自刃《じじん》！」

「よし！　首実検《くびじっけん》をすませたら、すぐに小谷城《おだにじょう》にとってかえすぞ！」

首実検《くびじっけん》とは、戦場《せんじょう》で討《う》ちとった敵《てき》の首《くび》を大将《たいしょう》——今回《こんかい》は信長《のぶなが》——の前《まえ》で面識《めんしき》のある者《もの》に見《み》せて、その首《くび》の主《ぬし》をたしかめさせることをいう。戦国時代《せんごくじだい》は写真《しゃしん》がなかったのだから、実際《じっさい》に顔《かお》を知《し》っている者《もの》でなければ判別《はんべつ》できなかったのだ。

兵《へい》を返《かえ》した信長《のぶなが》は、8月《がつ》26日《にち》、陣《じん》に顔《かお》を出《だ》した秀吉《ひでよし》に声《こえ》をかけた。

このころ秀吉《ひでよし》は、木下《きのした》から羽柴《はしば》に改姓《かいせい》していた。織田家《おだけ》の宿老《しゅくろう》の双璧《そうへき》、丹羽長秀《にわながひで》から「羽《は》」、柴田勝家《しばたかついえ》から「柴《しば》」を1字《じ》ずつもらってつけた姓《せい》だった。

それでも信長《のぶなが》は、秀吉《ひでよし》のことを「猿《さる》」とよびつづけた。

「猿《さる》、小谷城《おだにじょう》を落《お》とせ。」

「はっ。——しかし、小谷城《おだにじょう》には、お市《いち》さまとお子《こ》たちが……。」

「わしをうらぎりはしたが、人《ひと》としての長政《ながまさ》は、妻《つま》や子《こ》を道《みち》づれにするような男《おとこ》ではないはず。城《しろ》から出《で》てきたら、わしのところへつれてまいれ。」

8月《がつ》27日《にち》、小谷城攻略《おだにじょうこうりゃく》が始《はじ》まった。

秀吉《ひでよし》は、小谷城内《おだにじょうない》でも、当主長政《とうしゅながまさ》がいる本丸《ほんまる》と、隠居《いんきょ》している父久政《ちちひさまさ》がいる小丸《こまる》の間《あいだ》の京極丸《きょうごくまる》を落《お》として、父子《ふし》を分断《ぶんだん》。

次《つぎ》に小丸《こまる》を落《お》として、久政《ひさまさ》を自害《じがい》に追《お》いこんでから、本丸《ほんまる》を落《お》とした。

長政《ながまさ》は、正室《せいしつ》お市《いち》の方《かた》と3人《にん》の娘《むすめ》を、織田家《おだけ》からついてきた者《もの》といっしょににがしてから、本丸外《ほんまるそと》の赤尾屋敷《あかおやしき》で自害《じがい》した。

助《たす》けられた3人《にん》の娘《むすめ》は——。

茶々《ちゃちゃ》（5歳《さい》）、初《はつ》（4歳《さい》）、江《ごう》（1歳《さい》）。

茶々《ちゃちゃ》は、のちに、いやいやながらも豊臣秀吉《とよとみひでよし》の側室《そくしつ》となって、淀城《よどじょう》をあたえられたことから「淀殿《よどどの》」とよばれ、豊臣秀頼《とよとみひでより》らを産《う》んだ。

初《はつ》は、近江《おうみ》の国《くに》の大津城主《おおつじょうしゅ》から若狭《わかさ》の国《くに》の小浜城主《おばまじょうしゅ》となる京極高次《きょうごくたかつぐ》の正室《せいしつ》となった。

江《ごう》は、3回目《かいめ》の結婚《けっこん》で徳川秀忠《とくがわひでただ》の正室《せいしつ》となって、家光《いえみつ》、千姫《せんひめ》、和子《まさこ》らを産《う》んだ。千《せん》姫《ひめ》は豊臣秀頼《とよとみひでより》に、和子《まさこ》は後水尾天皇《ごみずのおてんのう》に嫁《とつ》いだ。

信長《のぶなが》は、お市《いち》の方《かた》と娘《むすめ》たちを助《たす》けてきた秀吉《ひでよし》に言《い》った。

「長政《ながまさ》には、男子《だんし》ふたりがいたはず。いたか!」

「どこにもおりませぬ!」

「長政《ながまさ》は、一度《いちど》はわしの義弟《ぎてい》となった心《こころ》やさしき男《おとこ》。男子《だんし》を殺《ころ》すはずがない。さがせ! さがしだすのだ!」

「お館《やかた》さま、さがしだしたあとは、どうされるのでございますか。」

「跡取《あとと》りをのこしておくわけにはいかん。」

「ふたりとも殺《ころ》すのでございますか。さすがに、それはいかがなものかと。」

「猿《さる》は、どうしたいのだ。」

「嫡男《ちゃくなん》はやむをえませんが、おさない次男《じなん》のほうは寺《てら》へあずけてはいかがでございましょうか。」

「いいだろう。」

秀吉《ひでよし》は信長《のぶなが》の命令《めいれい》どおり、嫡男万福丸《ちゃくなんまんぷくまる》を見《み》つけて始末《しまつ》し、次男万寿丸《じなんまんじゅまる》を僧籍《そうせき》に入《い》れた。

ほろぼした大名《だいみょう》や武将《ぶしょう》の子《こ》をいかしたままのこしておくのは危険《きけん》だった。僧籍《そうせき》に入《はい》った万寿丸《まんじゅまる》が還俗《げんぞく》（僧籍《そうせき》からもどること）しなかったのは幸《さいわ》いだった。

いくさのあと、小谷城《おだにじょう》を落《お》とした信長《のぶなが》は、秀吉《ひでよし》に言《い》った。

「猿《さる》、小谷城《おだにじょう》をやる。」

「お言葉《ことば》はうれしゅうございます。ですが……。」

「なんじゃ。」

「よろしければ、小谷城《おだにじょう》より、琵琶湖《びわこ》に近《ちか》い今浜《いまはま》あたりに城《しろ》をきずきとうぞんじます。」

「あそこなら、北国街道上《ほっこくかいどうじょう》にもあり、交通《こうつう》の便《べん》がよいからな。いいだろう。」

秀吉《ひでよし》は、今浜《いまはま》に城《しろ》をきずいて長浜城《ながはまじょう》と命名《めいめい》。そのため小谷城《おだにじょう》は廃城《はいじょう》となった。

年《とし》が明《あ》けた天正《てんしょう》2（1574）年正月《ねんしょうがつ》。

岐阜城《ぎふじょう》で大名《だいみょう》たちの参賀《さんが》を受《う》けたあと、身内《みうち》だけの酒宴《しゅえん》になったとき、信長《のぶなが》は、あるものを膳《ぜん》の前《まえ》にならべた。

それは――。

朝倉義景《あさくらよしかげ》、浅井久政《あざいひさまさ》・長政《ながまさ》父子《ふし》の頭蓋骨《ずがいこつ》を漆《うるし》でぬりかため、金泥《こんでい》(金粉《きんぷん》を膠《にかわ》の液《えき》で泥《どろ》のようにとかしたもの)などで彩色《さいしき》したものだった。

3つの首《くび》をながめながら、信長《のぶなが》は酒《さけ》を飲《の》んだという。

これは信長《のぶなが》の冷酷《れいこく》さをものがたるエピソードになっている。だが、これは「自分《じぶん》をうらぎればどうなるか」をアピールしたもので、信長《のぶなが》の心《こころ》の奥底《おくそこ》はどうだったのだろうか。妹《いもうと》の夫《おっと》には、やはりうらぎってほしくなかったという悲《かな》しい思《おも》いがあったのではないだろうか。

浅井《あざい》・朝倉両氏《あさくらりょうし》をほろぼし、落《お》ちついた正月《しょうがつ》をむかえた信長《のぶなが》だったが、静《しず》かな日々《ひび》はすぐに終《お》わりをむかえた。

かつて足利義昭《あしかがよしあき》が張《は》った「織田信長包囲網《おだのぶながほういもう》」の重要《じゅうよう》な部分《ぶぶん》を占《し》めていた大坂本願寺《おおざかほんがんじ》

の顕如《けんにょ》が、越前《えちぜん》や伊勢《いせ》の国長島《くにながしま》で一向一揆《いっこういっき》を起《お》こさせたのだ。

信長《のぶなが》は、信玄《しんげん》の子《こ》、武田勝頼《たけだかつより》の動《うご》きだけでなく、これら大坂本願寺《おおざかほんがんじ》の者《もの》たちとのいくさにも苦労《くろう》させられた。

この年《とし》7月《がつ》、一向一揆《いっこういっき》が籠城《ろうじょう》する長島《ながしま》にせめいった信長《のぶなが》は、9月《がつ》に四方《しほう》から放火《ほうか》。男女《だんじょ》2万人《まんにん》を焼《や》きころした。


そのころ京都《きょうと》への復帰《ふっき》をのぞんで毛利輝元《もうりてるもと》に助《たす》けをもとめていた義昭《よしあき》のため、織田《おだ》家《け》と連絡《れんらく》をとっていた毛利《もうり》の外交僧安国寺恵瓊《がいこうそうあんこくじえけい》が国《くに》もとに送《おく》った手紙《てがみ》にこんなことを書《か》いていた。

――「信長《のぶなが》の時代《じだい》は、これから3年《ねん》や5年《ねん》はつづき、来年《らいねん》(天正《てんしょう》2＝1574年《ねん》)あたりは公家《くげ》になるほどの勢《いきお》いですが、近《ちか》いうちに『高《たか》ころびにあをのけにころばれ』ることでしょう。」

原文《げんぶん》にある「高《たか》ころびにあをのけにころばれ」と書《か》いた部分《ぶぶん》は、「暗殺《あんさつ》される」ことを予見《よけん》したものとされている。

長篠《ながしの》の戦《たたか》い

遠《とお》くから足音《あしおと》が聞《き》こえてくる。

――「お館《やかた》さま！　お館《やかた》さま！」

羽柴秀吉《はしばひでよし》の声《こえ》だ。

顔《かお》を出《だ》した秀吉《ひでよし》をしかりつけた。

「足音《あしおと》が大《おお》きい！　それに声《こえ》もじゃ！」

「申《もう》しわけございません！　ですが、徳川《とくがわ》さまから書状《しょじょう》が！」

秀吉《ひでよし》が急《いそ》いで持《も》ってきた手紙《てがみ》を受《う》けとった織田信長《おだのぶなが》は、一読《いちどく》するなり命《めい》じた。

「猿《さる》、みなを集《あつ》めよ！」

みな、とはおもだった家臣《かしん》たちのこと。軍議《ぐんぎ》を開《ひら》くためだ。

徳川家康《とくがわいえやす》によれば――。

武田勝頼《たけだかつより》が信濃《しなの》の国《くに》から三河《みかわ》の国《くに》に侵入《しんにゅう》してきて、徳川方《とくがわがた》の武将《ぶしょう》が守《まも》っている長篠《ながしの》城《じょう》をせめているという。

信濃《しなの》の国《くに》と三河《みかわ》の国《くに》のさかいあたりに位置《いち》している長篠《ながしの》は、武田方《たけだがた》と徳川方《とくがわがた》によって、これまで争奪戦《そうだつせん》がくりひろげられてきた。

信玄《しんげん》が急死《きゅうし》したすきを見《み》て、徳川方《とくがわがた》が、うばわれていた長篠城《ながしのじょう》を奪還《だっかん》。家康《いえやす》の長女《ちょうじょ》亀姫《かめひめ》の夫《おっと》、奥平信昌《おくだいらのぶまさ》をおいていた。

ところが父信玄《ちちしんげん》の遺志《いし》をつぐかのように勝頼《かつより》が上洛《じょうらく》を志《こころざ》して南下《なんか》。天正《てんしょう》2（1574）年《ねん》6月《がつ》、徳川方《とくがわがた》の城《しろ》、遠江《とおとうみ》の国《くに》の高天神城《たかてんじんじょう》を落《お》としたのにつづき、このたび長篠《ながしの》城《じょう》を囲《かこ》んだというのだ。

信長《のぶなが》は、軍議《ぐんぎ》に集《あつ》まった家臣《かしん》たちに命《めい》じた。

「徳川殿《とくがわどの》には、三方ケ原《みかたがはら》のときにじゅうぶんはたせなかった義理《ぎり》がある。こたびは、わしが出陣《しゅつじん》し、徳川殿《とくがわどの》を助《たす》ける。」

「しかし、お館《やかた》さま、相手《あいて》は、日本一《ひのもといち》といわれる武田騎馬軍団《たけだきばぐんだん》でございます。」

秀吉《ひでよし》が聞《き》いてくる。

「おそれることはない。そんなもの、一掃《いっそう》してくれるわ。」

「いかにして、でございますか。」

「まあ、見《み》ておれ。――すぐに堺《さかい》に使《つか》いを出《だ》せ。それから徳川殿《とくがわどの》にも、すぐさま返事《へんじ》を出《だ》せ。徳川殿《とくがわどの》には、やっておいてもらいたいことがあるからな。」

3万人《まんにん》の兵《へい》をひきいて岐阜《ぎふ》を発《た》った信長《のぶなが》は、天正《てんしょう》3（1575）年《ねん》5月《がつ》14日《か》、岡崎《おかざき》城《じょう》に到着《とうちゃく》した。

「織田《おだ》さま！ ありがとうぞんじます！」

頭《あたま》をさげる家康《いえやす》に、信長《のぶなが》は言《い》った。

「三方ケ原《みかたがはら》のときはすまなかったな。あのときの報《むく》い、信玄《しんげん》のせがれに受《う》けさせてやろうぞ。――して、たのんでおいたものは？」

「設楽原《したらがはら》に馬防柵《ばぼうさく》はきずいてあります。」

馬防柵《ばぼうさく》——読《よ》んで字《じ》のごとく、馬《うま》をふせぐ柵《さく》。信長《のぶなが》は、家康《いえやす》に馬防柵《ばぼうさく》をきずかせておいたのだ。

家康《いえやす》が聞《き》く。

「騎馬軍団《きばぐんだん》からわが軍《ぐん》を守《まも》るためだとは思《おも》いますが、これでは兵《へい》たちが動《うご》けません。どうやってたたかうおつもりで？」

「ちょっと、外《そと》へ。」

信長《のぶなが》は、岡崎城《おかざきじょう》に大量《たいりょう》に運《はこ》びこませた荷車《にぐるま》にかけられた筵《むしろ》を外《はず》させた。

荷車《にぐるま》すべてに、たくさんの木箱《きばこ》が積《つ》まれていた。

「開《あ》けよ。」

信長《のぶなが》が命《めい》じると、荷車《にぐるま》のそばにいた足軽《あしがる》が木箱《きばこ》のふたを開《あ》けた。

「これはっ！　この木箱《きばこ》、いや、すべての荷車《にぐるま》に積《つ》んである木箱《きばこ》の中《なか》、すべてでございますか。」

「徳川殿《とくがわどの》、これが、これからの時代《じだい》の、新《あたら》しいたたかい方《かた》じゃ。」

「こんなに大量《たいりょう》……見《み》たこと、ございません。さすがは織田《おだ》さま。」

「おだてても、なにも出《で》ぬぞ。」

荷車《にぐるま》に積《つ》んだ木箱《きばこ》の中《なか》には、大量《たいりょう》の火縄銃《ひなわじゅう》、それに使《つか》う火縄《ひなわ》、火薬《かやく》、銃弾《じゅうだん》が入《はい》っていたのだ。


5月《がつ》21日朝《にちあさ》、長篠城近《ながしのじょうちか》くの設楽原《したらがはら》——。

長《なが》くつづく馬防柵《ばぼうさく》の内側《うちがわ》に、信長《のぶなが》と家康《いえやす》が陣《じん》を布《し》いていた。

この馬防柵《ばぼうさく》の中《なか》にいる将兵《しょうへい》、長篠城《ながしのじょう》やほかの砦《とりで》などにせめかかっている将兵《しょうへい》などをくわえて、織田軍総数《おだぐんそうすう》は約《やく》3万人《まんにん》、徳川軍総数《とくがわぐんそうすう》は約《やく》8000人《にん》。

かたや武田軍《たけだぐん》の総数《そうすう》は1万《まん》5000人《にん》。

武田軍《たけだぐん》の背後《はいご》には長篠城《ながしのじょう》。さらに長篠城《ながしのじょう》の背後《はいご》には、武田方《たけだがた》が守《まも》る鳶ケ巣山砦《とびがすやまとりで》があった。

その砦《とりで》を徳川軍《とくがわぐん》の別働隊《べつどうたい》が急襲《きゅうしゅう》する手《て》はずになっている。

背後《はいご》をつかれた武田軍《たけだぐん》は、正面《しょうめん》の徳川《とくがわ》・織田連合軍《おだれんごうぐん》が待《ま》つ馬防柵《ばぼうさく》に向《む》かって突撃《とつげき》しなければならなくなる。

馬防柵《ばぼうさく》の手前《てまえ》には、火縄銃《ひなわじゅう》をかまえた兵《へい》が長《なが》く列《れつ》をなし、いつでも発射《はっしゃ》する準備《じゅんび》ができていた。

火縄銃《ひなわじゅう》の数《かず》は、ずっと3000ちょうとされてきたが、あまりに多《おお》すぎるため、1500ちょう程度《ていど》ではないかとされている。

通説《つうせつ》の3000ちょうにくらべれば、少《すく》ないように感《かん》じるが、それでも天正《てんしょう》3（1575）年当時《ねんとうじ》にすれば「大量《たいりょう》」だった。

信長《のぶなが》は、家康《いえやす》から応援要請《おうえんようせい》があった段階《だんかい》で、すぐに堺《さかい》の商人《しょうにん》に用意《ようい》させたのだ。

あたりに火縄《ひなわ》のこげるにおいがただよっている。

武田騎馬軍団《たけだきばぐんだん》がせまってくる。

距離《きょり》にして、200メートルほど。

火縄銃《ひなわじゅう》をかまえた銃隊《じゅうたい》の兵《へい》たちは、いまにも引《ひ》き金《がね》を引《ひ》きそうだった。

信長《のぶなが》は命《めい》じた。
「まだ、撃《う》つな。」
信長《のぶなが》の声《こえ》を聞《き》き、銃隊《じゅうたい》を指揮《しき》する家臣《かしん》、さらに下《した》の兵《へい》たちにすばやく命令《めいれい》がつたわる。
「まだ、撃《う》つな。まだだ。」
馬防柵《ばぼうさく》の内側《うちがわ》の将兵《しょうへい》たちがいらだってきているのがわかる。
……100メートル……。
だが信長《のぶなが》は、火縄銃《ひなわじゅう》の射程距離《しゃていきょり》を目測《もくそく》していた。
ただ命中《めいちゅう》すればいいわけではない。
かすった程度《ていど》では馬《うま》はかけつづける。
敵兵《てきへい》のよろいを撃《う》ちぬかなければならない、また、馬《うま》もたおさなければならない。
そのためには、ぎりぎりまで引《ひ》きつけなければならないのだ。
……50メートルまで来《き》たとき、信長《のぶなが》は命《めい》じた。

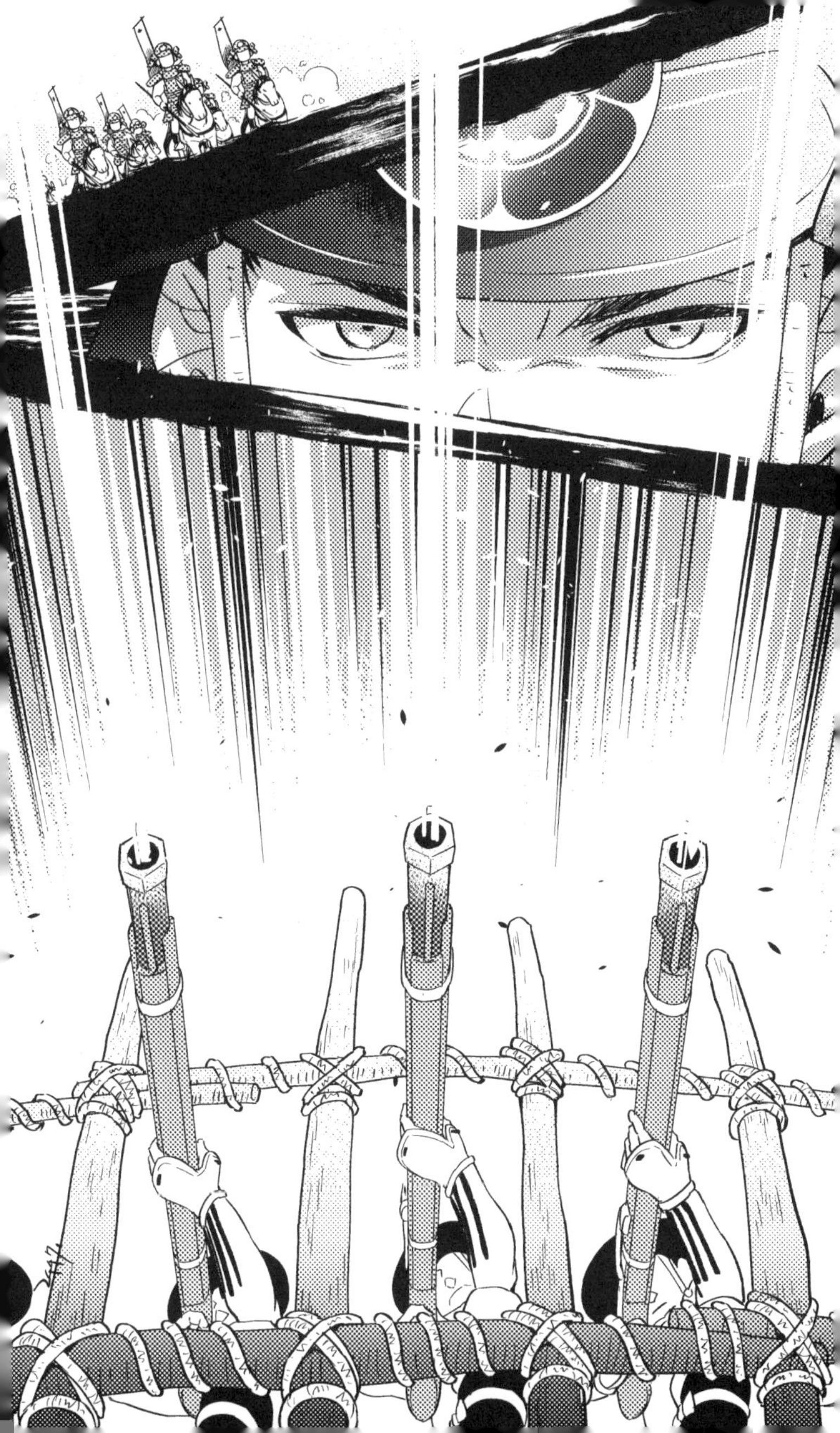

「撃《う》て！　兵《へい》を撃《う》て！　馬《うま》を撃《う》て！」

徳川《とくがわ》・織田連合軍《おだれんごうぐん》の火縄銃《ひなわじゅう》から、いっせいに弾《たま》が放《はな》たれた。

武田騎馬軍団《たけだきばぐんだん》の将兵《しょうへい》はとどろく銃声《じゅうせい》におどろき、馬《うま》はいなないた。銃弾《じゅうだん》が命中《めいちゅう》して落馬《らくば》する者《もの》だけでなく、あばれた馬《うま》から落《お》ちる者《もの》、被弾《ひだん》した馬《うま》とともにたおれる者《もの》などが続出《ぞくしゅつ》した。

馬《うま》から落《お》ちても死《し》なず、斬《き》りかかってきた将兵《しょうへい》は、馬防柵《ばぼうさく》の内側《うちがわ》からのびた長《なが》い槍《やり》でさされ、それでも死《し》なない者《もの》は刀《かたな》で斬《き》られた。

いくさは、午前《ごぜん》5時《じ》ごろから午後《ごご》2時《じ》ごろまでつづいた。

武田軍《たけだぐん》で討《う》ち死《じ》にした者《もの》は一説《いっせつ》に1万人《まんにん》。1万《まん》5000人《にん》のうちの1万人《まんにん》が討《う》ち死《じ》にしたのだ。惨敗《ざんぱい》だった。気分的《きぶんてき》には全滅《ぜんめつ》だったことだろう。

勝頼《かつより》は、父信玄《ちちしんげん》の時代《じだい》から武田家《たけだけ》に仕《つか》えてきた多《おお》くの家臣《かしん》をうしない、数百《すうひゃく》の兵《へい》に守《まも》られながら敗走《はいそう》していった。

なぜ武田騎馬軍団《たけだきばぐんだん》がやぶれたのか。それは、徳川《とくがわ》・織田連合軍《おだれんごうぐん》のほうが兵数《へいすう》が多《おお》かったこと、そして鉄砲《てっぽう》の数《かず》が圧倒的《あっとうてき》に多《おお》かったこと。

勝因《しょういん》は、このふたつにつきる。

この天正《てんしょう》3(1575)年《ねん》、一度《いちど》岐阜《ぎふ》に帰《かえ》った信長《のぶなが》は、長島一向一揆《ながしまいっこういっき》につづいて越《えち》前一向一揆《ぜんいっこういっき》も殲滅《せんめつ》し、越前《えちぜん》の国《くに》をも領地《りょうち》とし、北《きた》ノ庄《しょう》に柴田勝家《しばたかついえ》をおき、その勝家《かついえ》の与力《よりき》として、府中《ふちゅう》に前田利家《まえだとしいえ》・佐々成政《さっさなりまさ》・不破光治《ふわみつはる》の3人《にん》をおいた。

長島一向一揆《ながしまいっこういっき》、越前一向一揆《えちぜんいっこういっき》と、立《た》てつづけにやぶれた大坂本願寺《おおざかほんがんじ》が和睦《わぼく》を申《もう》しいれてきたため、信長《のぶなが》は受《う》けいれた。

だが、この和睦《わぼく》は一時的《いちじてき》なものでしかなかった。

安土城築城《あづちじょうちくじょう》

「お館《やかた》さま、お呼《よ》びでございましょうか。」

天正《てんしょう》4（1576）年正月《ねんしょうがつ》、岐阜城《ぎふじょう》。

織田信長《おだのぶなが》の前《まえ》に、宿老《しゅくろう》の丹羽長秀《にわながひで》が平伏《へいふく》している。

「長秀《ながひで》、新《あたら》しい城《しろ》をつくれ。」

宿老《しゅくろう》の双璧《そうへき》、柴田勝家《しばたかついえ》はいくさに長《た》け、丹羽長秀《にわながひで》は内政《ないせい》に長《た》けている。

まさに織田政権《おだせいけん》の両輪《りょうりん》をなしているといっていい。木下秀吉《きのしたひでよし》が姓《せい》をあらためるにあたって、ふたりの姓《せい》から1字《じ》ずつもらったのもうなずける。

面《おもて》をあげた長秀《ながひで》がけげんそうな顔《かお》をする。

「失礼《しつれい》でございますが、この岐阜城《ぎふじょう》ではダメなのでございますか。」

「ダメだ。」

信長《のぶなが》は即答《そくとう》した。

「では、いずこに。」

「どこだと思《おも》う。」

「京都《きょうと》に近《ちか》い場所《ばしょ》、でございますか。」

「むろん、そうだが、それだけではない。京都《きょうと》に近《ちか》い、という以外《いがい》に、理由《りゆう》は3つある。」

信長《のぶなが》は、ここで3つの理由《りゆう》をならべたてた。

一、越後《えちご》の国《くに》の上杉謙信《うえすぎけんしん》を見張《みは》る。

一、大坂本願寺《おおざかほんがんじ》、また各地《かくち》でくすぶる一向一揆《いっこういっき》を見張《みは》る。

一、琵琶湖《びわこ》の水運《すいうん》をにぎる。

長秀《ながひで》がうなずいてから、疑問《ぎもん》を投《な》げかけてきた。

「しかし京都《きょうと》に近《ちか》づけば近《ちか》づくほど、本拠地《ほんきょち》の尾張《おわり》はもちろん、この美濃《みの》にも遠《とお》くなります。」

「だから、昨年秋《さくねんあき》、せがれの信忠《のぶただ》に家督《かとく》をゆずり、尾張《おわり》・美濃《みの》の一部《いちぶ》を分《わ》けあたえたのではないか。」

長秀《ながひで》がこまったような顔《かお》で聞《き》いてくる。

「して、いずこに、でございますか。」

「考《かんが》えよ。」

「岐阜《ぎふ》より京都寄《きょうとよ》りということは……関ケ原《せきがはら》あたりは、冬《ふゆ》は雪《ゆき》でとざされ……長浜《ながはま》には羽柴秀吉《はしばひでよし》が……佐和山《さわやま》では長浜《ながはま》に近《ちか》すぎ……そのあたりとはぞんじますが。」

信長《のぶなが》が小《ちい》さくうなずいてから命《めい》じた。

「六角《ろっかく》の支城《しじょう》がある安土山《あづちやま》だ。そこにきずけ。」

「どのような城《しろ》にすればよろしいので。」

「それだが、これを見《み》よ。」

信長《のぶなが》は、絵《え》にかいたおおまかな図面《ずめん》を長秀《ながひで》の前《まえ》に出《だ》した。

「これは！」

絶句《ぜっく》する長秀《ながひで》に、信長《のぶなが》は命《めい》じた。

「六角《ろっかく》の観音寺城《かんのんじじょう》を見習《みなら》え。」

「観音寺城《かんのんじじょう》……そういえば、あの山城《やまじろ》はすばらしい石垣《いしがき》で囲《かこ》まれておりましたな。」

「わしは、それに負《ま》けないようなりっぱな城《しろ》をつくるのだ。そのなかには天主《てんしゅ》（天《てん》守《しゅ》）をおく。」

「天主《てんしゅ》というと……高《たか》い物《もの》見《み》櫓《やぐら》ですな。」

「長秀《ながひで》、そなたが思《おも》うておるような櫓《やぐら》ではないぞ。天《てん》をつくるような建物《たてもの》にするのだ。」

「ははっ！」

「とにかく、観音寺城《かんのんじじょう》の石垣《いしがき》にならえ。すぐに準備《じゅんび》にかかり、今月半《こんげつなか》ばには着工《ちゃっこう》し
……そうさな……。」

信長《のぶなが》は、細《ほそ》いあごをさすった。

「……来月《らいげつ》、2月末《がつすえ》までには、ふもとに屋敷《やしき》をたてろ。わしはうつる。」

「ははっ！」

「以後《いご》、築城《ちくじょう》を見守《みまも》りながら政《まつりごと》をする。天主《てんしゅ》の完成《かんせい》までに3年《ねん》やる。3年後《ねんご》、わしを天主《てんしゅ》にあがらせよ。早急《さっきゅう》に、普請奉行《ふしんぶぎょう》と大工《だいく》をつかまえることだ。」

「御意《ぎょい》。」

翌《よく》2月《がつ》25日《にち》、信長《のぶなが》は、安土山《あづちやま》にできたばかりの屋敷《やしき》に入《はい》って仮《かり》の居城《きょじょう》とした。屋敷《やしき》とはいっても、当時《とうじ》のほかの大名《だいみょう》の「城《しろ》」と大差《たいさ》ないものだった。

岐阜《ぎふ》から安土《あづち》に居城《きょじょう》をうつしたことで、いちばん恩恵《おんけい》を受《う》けたのは、やはり交通《こうつう》の便《べん》だった。

じつは信長《のぶなが》は、天正《てんしょう》2（1574）年末《ねんすえ》から天正《てんしょう》3（1575）年《ねん》にかけて、河内《かわち》の国《くに》から遠江《とおとうみ》の国《くに》にかけての東海道《とうかいどう》の道《みち》を整備《せいび》させていた。石《いし》をとりのぞくなどして悪路《あくろ》をならし、道幅《みちはば》は約《やく》6メートルにととのえ、松《まつ》や柳《やなぎ》などの街路樹《がいろじゅ》を植《う》え、入《い》り江《え》や河川《かせん》には舟《ふね》をつないでならべ、その上《うえ》に橋《はし》をわたす「舟《ふな》橋《ばし》」をかけさせていた。

今風《いまふう》にいえば「幹線道路《かんせんどうろ》」ということになる。ウソのように聞《き》こえるかもしれないが、『信長公記《しんちょうこうき》』にある話《はなし》なのだ。

この道《みち》の整備《せいび》は、領国内《りょうごくない》の民衆《みんしゅう》たちのくらしに役立《やくだ》つことになったが、信長《のぶなが》のいちばんの目的《もくてき》は、有事《ゆうじ》のさい、家臣団《かしんだん》や武器《ぶき》の輸送《ゆそう》を早《はや》めるためだった。

安土城《あづちじょう》にいる信長《のぶなが》は、もし京都《きょうと》で異変《いへん》があれば、琵琶湖《びわこ》を船《ふね》でわたって対岸《たいがん》に着《つ》き、「幹線道路《かんせんどうろ》」づたいに京都《きょうと》に入《はい》ることができた。その行程《こうてい》は、わずか1日《にち》にみたなかった。

「長秀《ながひで》、普請奉行《ふしんぶぎょう》はだれにした。」

「地元《じもと》、近江出身《おうみしゅっしん》の木村高重《きむらたかしげ》にさせております。」

「大工《だいく》は。」

「熱田神宮《あつたじんぐう》の宮大工《みやだいく》、岡部又右衛門《おかべまたえもん》にございます。」

「よべ。」

すぐに又右衛門《またえもん》がよばれてきた。すぐわきにわかい男《おとこ》もひかえている。

「せがれの又兵衛《またべえ》にございます。ふたりでやっております。」

「わしの絵図面《えずめん》で理解《りかい》できたか。」

「はじめはとまどいましたが……。」

又右衛門《またえもん》は、地面《じめん》に額《ひたい》をつけんばかりに土下座《どげざ》したまま受《う》け答《こた》えをしている。

信長《のぶなが》が命《めい》じた安土城全体《あづちじょうぜんたい》の構造《こうぞう》は——。
一、ふもとから100メートルほどの高《たか》さの安土山《あづちやま》に曲輪《くるわ》を配置《はいち》。
一、琵琶湖《びわこ》にせりだすようにつくる。
一、天主《てんしゅ》、本丸《ほんまる》、二《に》の丸《まる》、家臣《かしん》の屋敷《やしき》。
さらに天主《てんしゅ》の構造《こうぞう》は——。
一、地上《ちじょう》6階《かい》、地下《ちか》1階《かい》。
一、総石垣《そういしがき》づくり。
一、最上階《さいじょうかい》は金色《きんいろ》。

一、最上階《さいじょうかい》すぐ下《した》の階《かい》は朱色《しゅいろ》の八角堂《はっかくどう》。
一、内部《ないぶ》に宝塔《ほうとう》あり。
一、内部《ないぶ》は黒漆《くろうるし》ぬり。
一、内部《ないぶ》の柱《はしら》は金箔《きんぱく》ばり。
一、座敷《ざしき》は畳《たたみ》じき。
一、絵師狩野永徳《えしかのうえいとく》など絢爛豪華《けんらんごうか》な絵《え》。

信長《のぶなが》は、丹羽長秀《にわながひで》のほうを向《む》いて、追加《ついか》するように言《い》った。

「城下町《じょうかまち》には、岐阜《ぎふ》のように楽市《らくいち》・楽座《らくざ》を布《し》く。自由《じゆう》に商売《しょうばい》をやらせろ。」

「はっ。」

「イエズス会《かい》の宣教師《せんきょうし》がわしに面会《めんかい》をもとめてきたら通《とお》せ。やつらにも布教《ふきょう》をゆるす。」

のち安土城《あづちじょう》の城下町《じょうかまち》には「セミナリオ」という名《な》の神学校《しんがっこう》もたてられた。

とはいえ信長《のぶなが》がキリスト教《きょう》を信《しん》じていたわけではない。比叡山延暦寺《ひえいざんえんりゃくじ》を焼《や》き討《う》ちにしているほどだから、仏教《ぶっきょう》を信《しん》じていたわけでもない。また神道《しんとう》を信《しん》じていたかどうかもあやしい。桶狭間《おけはざま》の戦《たたか》いのまえ、熱田神宮《あつたじんぐう》で戦勝祈《せんしょうき》願《がん》のようなことをしたとき、おみくじのようなものにしかけをして「いくさに勝《か》つ」と出《だ》させたというエピソードがあるくらいなのだから。

信長《のぶなが》にとって神《かみ》や仏《ほとけ》は、「天下布武《てんかふぶ》」のために利用《りよう》するものだった。安土城《あづちじょう》の「天主《てんしゅ》」と言《い》っていることからも、信長自身《のぶながじしん》が「神《かみ》」「仏《ほとけ》」になるつもりだったという人《ひと》もいる。

安土城内《あづちじょうない》には「摠見寺《そうけんじ》」という寺《てら》もつくられ、ここに信長《のぶなが》の身代《みが》わりとなる「盆《ぼん》山《さん》」という石《いし》がまつられていたともいわれている。

4 人間《にんげん》五十年《ねん》、下天《げてん》のうちを

大坂本願寺《おおざかほんがんじ》との対決《たいけつ》

「おのれ、毛利《もうり》！」

織田信長《おだのぶなが》は、安土《あづち》から大坂本願寺《おおざかほんがんじ》へ兵《へい》を進《すす》めながら、馬上《ばじょう》ではきすてるように言《い》っていた。

大坂本願寺《おおざかほんがんじ》の顕如《けんにょ》は、毛利輝元《もうりてるもと》にかくまってもらっている足利義昭《あしかがよしあき》の呼《よ》びかけに応《おう》じ、ふたたび勢力《せいりょく》をましていた。

義昭《よしあき》の呼《よ》びかけには、越後《えちご》の上杉謙信《うえすぎけんしん》もくわわり、「第二次織田信長包囲網《だいにじおだのぶながほういもう》」ができていた。

信長《のぶなが》は、配下《はいか》の武将《ぶしょう》たちに命《めい》じて天正《てんしょう》4（1576）年《ねん》5月《がつ》から大坂本願寺《おおざかほんがんじ》を包《ほう》囲《い》、5月7日《がつなのか》には信長自身《のぶながじしん》もいくさにくわわった。

「かかれ！　斬《き》って、斬《き》って、斬《き》りすてい！」

はじめ信長《のぶなが》は馬《うま》に乗《の》っていたが、馬《うま》が撃《う》たれて地面《じめん》に落《お》ち、あとは足軽《あしがる》たちにまざって槍《やり》をふりまわした。

僧兵《そうへい》たちを片《かた》っぱしからたおしていく。立《た》ちむかっている相手《あいて》が信長《のぶなが》と思《おも》っているのかどうかもあやしい。

そのときだった。

脚《あし》に熱《あつ》さをおぼえた瞬間《しゅんかん》、くずれおちた。

撃《う》たれたのだ。

ねらいを定《さだ》めて撃《う》たれたのか、流《なが》れ弾《だま》が当《あ》たったのか、わからない。

すぐに家臣《かしん》たちがかけよってきて、守《まも》ってくれた。

そこからは、到着《とうちゃく》した織田軍《おだぐん》の銃隊《じゅうたい》で一気《いっき》に切《き》りくずした。

このときをさかいに一向宗門徒《いっこうしゅうもんと》たちは大坂本願寺《おおざかほんがんじ》に籠城《ろうじょう》してしまった。

信長《のぶなが》は、家臣《かしん》たちに命《めい》じた。

「完全《かんぜん》に封鎖《ふうさ》し、兵糧《ひょうろう》ぜめにしろ！」

兵糧《ひょうろう》ぜめとは、城《しろ》への物品《ぶっぴん》の搬入《はんにゅう》ルートを遮断《しゃだん》し、外《そと》から食糧《しょくりょう》を入《い》れさせず、籠城《ろうじょう》している者《もの》たちを餓《う》えさせることを意味《いみ》している。

さすがに兵糧《ひょうろう》ぜめはこたえたのだろう。

毛利輝元《もうりてるもと》が大坂本願寺《おおざかほんがんじ》に兵糧《ひょうろう》を運《はこ》びいれようとしているという知《し》らせを受《う》けた信長《のぶなが》は、天正《てんしょう》4（1576）年《ねん》7月《がつ》13日《にち》、大坂《おおざか》の内海《うちうみ》（現在《げんざい》の大阪湾《おおさかわん》）の木津川口《きづがわぐち》に織田水《おだすい》軍《ぐん》を向《む》かわせた。

織田水軍《おだすいぐん》300そうの中心《ちゅうしん》は、信長《のぶなが》から志摩《しま》の国《くに》（現在《げんざい》の三重県志摩半島東部《みえけんしまはんとうとうぶ》）をまかされている九鬼嘉隆《くきよしたか》だ。

九鬼嘉隆《くきよしたか》ひきいる織田水軍《おだすいぐん》は毛利水軍《もうりすいぐん》の兵糧入《ひょうろうい》れを阻止《そし》しようとして、木津川口《きづがわぐち》でたたかったが敗北《はいぼく》。多《おお》くの船《ふね》を焼失《しょうしつ》したばかりか、毛利水軍《もうりすいぐん》によって兵糧《ひょうろう》を運《はこ》びこまれてしまったのだ。

これを聞《き》いた信長《のぶなが》は激怒《げきど》するなり、九鬼《くき》に命《めい》じた。

「九鬼《くき》！　焼《や》かれたのなら、焼《や》かれない船《ふね》をつくれ！　もえない船《ふね》をつくれ！」

さらに、そばにひかえる丹羽長秀《にわながひで》のほうを見《み》てから、九鬼《くき》に命《めい》じた。

「琵琶湖《びわこ》をわたるための大船《おおぶね》は、この長秀《ながひで》がつくったことがある。あれほど大《おお》きいと小回《こまわ》りがきくまいから、長《なが》さは半分《はんぶん》くらいでいい。ただしなんそうもつくれ。」

この信長《のぶなが》の指示《しじ》で、九鬼《くき》は、長《なが》さが約《やく》22～23メートル、幅約《はばやく》13メートルの船《ふね》を6そうつくった。いちばんの特徴《とくちょう》は木造《もくぞう》の船《ふね》に鉄板《てっぱん》をはりつけ、さらに大砲《たいほう》をそなえつけていたことだ。

信長《のぶなが》は、九鬼《くき》のために鉄板《てっぱん》を用意《ようい》させるなど、材料集《ざいりょうあつ》めにも協力《きょうりょく》をおしまなかった。

それほど、大坂本願寺《おおざかほんがんじ》ぜめを急《いそ》いでいたのだ。

兵糧《ひょうろう》が運《はこ》びこまれていては、いつまでも大坂本願寺《おおざかほんがんじ》の籠城《ろうじょう》がつづいてしまう。

第二次木津川口《だいにじきづがわぐち》の戦《たたか》いが始《はじ》まった。

「織田水軍《おだすいぐん》vs毛利水軍《もうりすいぐん》」の戦《たたか》いだった。

6そうの先頭《せんとう》でいくさを指揮《しき》しながら、九鬼《くき》はさけんでいた。

「火矢《ひや》を撃《う》ちかけてみろ！　いくら撃《う》ちかけてもむえんぞ！　おい、大砲《たいほう》をお返《かえ》ししてやれ！」

九鬼《くき》の命令《めいれい》で毛利水軍《もうりすいぐん》の船《ふね》に向《む》かって、大砲《たいほう》の弾《たま》が放《はな》たれた。

このころの大砲《たいほう》の弾《たま》には火薬《かやく》は仕込《しこ》まれておらず、鉄《てつ》の弾《たま》だった。

それでも船《ふね》を壊《こわ》し、船底《せんてい》に穴《あな》を空《あ》けるには有効《ゆうこう》だった。

天正《てんしょう》6（1578）年《ねん》11月6日《がつむいか》のことだった。第一次木津川口《だいいちじきづがわぐち》の戦《たたか》いから2年《ねん》4か月《げつ》がたっていた。

この間《かん》に信長《のぶなが》は、一向宗《いっこうしゅう》とつながりがある鉄砲集団《てっぽうしゅうだん》をかかえている紀伊《きい》の国《くに》（現在《げんざい》の和歌山県《わかやまけん》・三重県《みえけん》の一部《いちぶ》）の雑賀衆《さいかしゅう》と根来衆《ねごろしゅう》を攻撃《こうげき》。鉄砲《てっぽう》の名手《めいしゅ》とされた鈴木孫一《すずきまごいち》（別名《べつめい》、雑賀孫市《さいかまごいち》）ら指導者《しどうしゃ》が降服《こうふく》したことで鎮圧《ちんあつ》に成功《せいこう》する。

天正《てんしょう》5（1577）年《ねん》3月《がつ》15日《にち》のことだった。

さらに、信長《のぶなが》が安土城下《あづちじょうか》に正式《せいしき》に楽市《らくいち》・楽座《らくざ》の制《せい》を布《し》いた4か月後《げつご》の天正《てんしょう》5（1577）年《ねん》10月《がつ》、かつて茶入《ちゃい》れ「九十九髪《つくもがみ》」をさしだして大和《やまと》の国一国《くにいっこく》をまかされていた松永久秀《まつながひさひで》が反逆《はんぎゃく》したので嫡男信忠《ちゃくなんのぶただ》を派遣《はけん》。居城《きょじょう》の信貴山城《しぎさんじょう》を包囲《ほうい》、これを討《う》った。

信貴山城《しぎさんじょう》が落《お》ちるとき、松永久秀《まつながひさひで》は茶釜《ちゃがま》「平蜘蛛《ひらぐも》」をたたきわり、城《しろ》に火《ひ》をかけて自害《じがい》した。このとき鉄砲《てっぽう》の火薬《かやく》を使《つか》って爆死《ばくし》したともいわれる。

10月《がつ》10日《とおか》のことだった。

信貴山《しぎさん》を落《お》とした直後《ちょくご》、信長《のぶなが》は羽柴《はしば》（豊臣《とよとみ》）秀吉《ひでよし》をよんでいた。

「猿《さる》、中国《ちゅうごく》へ行《い》け。」

「いよいよ毛利《もうり》ぜめですね。」

信長《のぶなが》の命令《めいれい》に、秀吉《ひでよし》はすぐに反応《はんのう》した。

「播磨《はりま》の国《くに》（現在《げんざい》の兵庫県南西部《ひょうごけんなんせいぶ》）から西《にし》へせめていけ。」

「かしこまりました。」

「して、猿《さる》、どうやってせめる。おまえの知恵《ちえ》で足《た》りるか。」

「わたしの知恵《ちえ》など知《し》れたもの。軍師《ぐんし》には竹中半兵衛《たけなかはんべえ》をつけ、地理案内《ちりあんない》は播磨《はりま》の国出《くにしゅっ》身《しん》の小寺官兵衛《こでらかんべえ》を。」

「いいだろう。猿《さる》、中国《ちゅうごく》ぜめ、おまえにまかせた。ぞんぶんにやってこい。」

墨俣一夜城《すのまたいちやじょう》を築城《ちくじょう》してからというもの、秀吉《ひでよし》は、信長《のぶなが》の「まかせた」にどれだけはげまされたかわからないはずだ。


じつは九鬼嘉隆《くきよしたか》ひきいる織田水軍《おだすいぐん》が、木津川口《きづがわぐち》で毛利水軍《もうりすいぐん》をやぶった約《やく》8か月《げつ》まえの天正《てんしょう》6(1578)年《ねん》3月《がつ》13日《にち》、足利義昭《あしかがよしあき》の「第二次織田信長包囲網《だいにじおだのぶながほういもう》」の一翼《いちよく》をになっていた上杉謙信《うえすぎけんしん》が急死《きゅうし》していた。居城《きょじょう》の春日山城《かすがやまじょう》の厠《かわや》(便所《べんじょ》)でたおれたという。暗殺説《あんさつせつ》もささやかれたが、死因《しいん》は脳卒中《のうそっちゅう》(脳出血《のうしゅっけつ》か脳梗塞《のうこうそく》)というのが定説《ていせつ》になっている。

信玄《しんげん》の死《し》から5年後《ねんご》のことだった。

謙信《けんしん》が死《し》んだことで、「第二次織田信長包囲網《だいにじおだのぶながほういもう》」に大《おお》きな破《やぶ》れができ、そのうえ毛利輝元《もうりてるもと》からの兵糧入《ひょうろうい》れもできなくなったことで、籠城《ろうじょう》する大坂本願寺《おおざかほんがんじ》は、遠《とお》からず降服《こうふく》してくるはずだった。

だが、そうは問屋《とんや》が卸《おろ》さなかった。

摂津《せっつ》の国《くに》をまかせている家臣《かしん》の荒木村重《あらきむらしげ》が謀反《むほん》を起《お》こしたのだ。村重《むらしげ》は、大坂本願寺《おおざかほんがんじ》だけでなく、毛利輝元《もうりてるもと》とも連絡《れんらく》をとりあっていたらしい。

一国《いっこく》をまかせておいた家臣《かしん》の裏切《うらぎ》りを、信長《のぶなが》はけっしてゆるさなかった。

「おのれ、村重《むらしげ》！　――光秀《みつひで》をよべ。」

信長《のぶなが》は明智光秀《あけちみつひで》をよんで、命《めい》じた。

「荒木村重《あらきむらしげ》をなんとかかせえ！」

信長《のぶなが》より6歳《さい》ほど年長《ねんちょう》の光秀《みつひで》が、しぶい顔《かお》をする。

「いかがした。」

「大坂本願寺《おおざかほんがんじ》に兵《へい》も財《ざい》もさいておりますので、まずは説得《せっとく》をこころみてはいかがでございましょう。」

使者《ししゃ》のひとりに光秀《みつひで》が名乗《なの》りでた。

一度《いちど》は説得《せっとく》に応《おう》じた村重《むらしげ》だったが、信長《のぶなが》に釈明《しゃくめい》するため安土城《あづちじょう》に向《む》かう途中《とちゅう》、茨木《いばらき》城《じょう》（大阪府茨木市《おおさかふいばらきし》）で家臣《かしん》の中川清秀《なかがわきよひで》に進言《しんげん》される。

――「信長《のぶなが》は、一度《いちど》でもうらぎった家臣《かしん》のことは、いつかかならずほろぼそうとします。」

それを聞《き》いた村重《むらしげ》は、居城《きょじょう》の有岡城《ありおかじょう》（兵庫県伊丹市《ひょうごけんいたみし》）に帰《かえ》った。

村重《むらしげ》が釈明《しゃくめい》に来《こ》ないことを知《し》った信長《のぶなが》はおこって、家臣《かしん》たちに命《めい》じた。

「有岡城《ありおかじょう》を囲《かこ》め。」

天正《てんしょう》5（1577）年《ねん》10月下旬《がつげじゅん》から中国《ちゅうごく》ぜめをしている最中《さいちゅう》だった羽柴秀吉《はしばひでよし》は、村《むら》重《しげ》を知《し》っている家臣《かしん》小寺官兵衛《こでらかんべえ》（のちの黒田官兵衛《くろだかんべえ》、孝高《よしたか》、如水《じょすい》）を説得《せっとく》に向《む》かわせる。だが村重《むらしげ》は官兵衛《かんべえ》を拘束《こうそく》。土牢《つちろう》に監禁《かんきん》してしまう。

以後《いご》、村重《むらしげ》の籠城《ろうじょう》は1年以上《ねんいじょう》にもおよんだ。

家臣《かしん》たちのなかからは、中川清秀《なかがわきよひで》、高山右近《たかやまうこん》など信長《のぶなが》にねがえる者《もの》も出《で》はじめ、毛《もう》利方《りがた》からの兵糧入《ひょうろうい》れも織田軍《おだぐん》に寸断《すんだん》された。しかも村重自身《むらしげじしん》は家臣《かしん》を見《み》すてて城《しろ》から脱出《だっしゅつ》する始末《しまつ》。

天正《てんしょう》7（1579）年《ねん》11月《がつ》19日《にち》、有岡城《ありおかじょう》を落《お》とした信長《のぶなが》は、村重《むらしげ》の妻《つま》や娘《むすめ》たち36人《にん》を人質《ひとじち》にとり、投降《とうこう》をすすめた。だが村重《むらしげ》は人質《ひとじち》を見《み》すてて毛利方《もうりがた》に逃亡《とうぼう》した。

信長《のぶなが》は、人質《ひとじち》36人《にん》を斬《き》らせ、家臣《かしん》およびその妻《つま》や娘《むすめ》たち600人《にん》あまりをはりつけや火《ひ》あぶりにして処刑《しょけい》し、見《み》せしめにした。

信長《のぶなが》は命《めい》じたあと、はきすてるように言《い》った。

「村重《むらしげ》、わしが好《この》んで、かようなことをしていると思《おも》うか！　わしに、かような残虐《ざんぎゃく》なまねをさせおって。」

そして天正《てんしょう》8（1580）年閏《ねんうるう》3月5日《がついつか》、朝廷《ちょうてい》の斡旋《あっせん》もあり、信長《のぶなが》は大坂本願寺《おおざかほんがんじ》の顕如《けんにょ》と和睦《わぼく》した。

武田信玄《たけだしんげん》、上杉謙信《うえすぎけんしん》が亡《な》くなり、各地《かくち》の一向一揆《いっこういっき》、雑賀《さいか》・根来衆《ねごろしゅう》も信長《のぶなが》に殲滅《せんめつ》され、荒木村重《あらきむらしげ》も毛利氏《もうりし》をたよって逃亡《とうぼう》。

その毛利氏《もうりし》の支配《しはい》がおよぶ中国地方《ちゅうごくちほう》も、羽柴秀吉《はしばひでよし》によってせめられ、この天正《てんしょう》8（1580）年《ねん》1月《がつ》17日《にち》には、ずっと囲《かこ》んでいた三木城《みきじょう》も落《お》ちていた。

信長《のぶなが》は、播磨《はりま》の国《くに》までほぼ平定《へいてい》していた。

大坂本願寺《おおざかほんがんじ》が和睦《わぼく》に応《おう》じたのは、信長《のぶなが》が秀吉《ひでよし》に命《めい》じ、さらに西《にし》へ、そして北《きた》の日本《にほん》海側《かいがわ》へも軍《ぐん》を進《すす》めているのを見《み》たからにちがいなかった。

門跡《もんぜき》の顕如《けんにょ》は、長年《ながねん》の抵抗《ていこう》をやめ、ようやく大坂本願寺《おおざかほんがんじ》をすてて、紀伊《きい》の国《くに》の雑賀《さいか》に落《お》ちていった。

その後《ご》、大坂本願寺《おおざかほんがんじ》は火災《かさい》によって、すべて焼《や》けおちてしまったという。

大坂本願寺《おおざかほんがんじ》と和睦《わぼく》したのちの天正《てんしょう》8（1580）年《ねん》8月《がつ》、いくさのあいだ功績《こうせき》のなかった佐久間信盛《さくまのぶもり》とその子《こ》に「19ケ条《かじょう》の折檻状《せっかんじょう》」をつきつけ、高野山《こうやさん》に追放《ついほう》した。

武田氏滅亡《たけだしめつぼう》

「信長《のぶなが》さま、今日《きょう》、めずらしい者《もの》、つれて、まいりました。」

安土城《あづちじょう》をたずねてきたイエズス会《かい》の宣教師《せんきょうし》ヴァリニャーノが片言《かたこと》の日本語《にほんご》で言《い》った。

ヴァリニャーノは、同《おな》じイエズス会宣教師《かいせんきょうし》のフロイスより7歳《さい》ほどわかいと聞《き》いたことがある。

「その者《もの》は、どこにおる。」

「身分《みぶん》ひくい、だから、外《そと》、待《ま》っています。」

「わかった。外《そと》へ出《で》よう。見《み》せよ。――お蘭《らん》、マントを持《も》て。」

お蘭《らん》――森蘭丸《もりらんまる》のことだ。織田信長《おだのぶなが》の家臣《かしん》で、浅井《あざい》・朝倉連合軍《あさくられんごうぐん》とたたかって討《う》ち死《じ》にした森可成《もりよしなり》の子《こ》だ。弟《おとうと》の坊丸《ぼうまる》、力丸《りきまる》とともに、信長《のぶなが》の小姓《こしょう》として仕《つか》えはじめて

三、四年《ねん》になる。
信長《のぶなが》は、蘭丸《らんまる》から受《う》けとった濃《こ》い赤色《あかいろ》のビロード地《じ》のマントをまとって、外《そと》に出《で》た。

「なんだ、あの者《もの》は。」

信長《のぶなが》は目《め》をみはった。

褐色《かっしょく》の肌《はだ》の大柄《おおがら》な男《おとこ》が立《た》っている。年齢《ねんれい》は26~27歳《さい》くらい。

「ふむ。いかにも体力《たいりょく》がありそうじゃ。気《き》に入《い》った。この者《もの》をくれ!」

「そうおっしゃるだろう、思《おも》いました。どうぞ、用事《ようじ》、言《い》ってください。」

信長《のぶなが》は、褐色《かっしょく》の肌《はだ》の男《おとこ》に聞《き》いた。

「名前《なまえ》は、なんだ?」

「ヤスフェ……。」

「そうか、弥助《やすけ》か。」

信長《のぶなが》には、本人《ほんにん》が名乗《なの》った「ヤスフェ」が「弥助《やすけ》」と聞《き》こえたらしい。

「弥助《やすけ》、今日《きょう》から、そなたを家臣《かしん》にくわえる。」

天正《てんしょう》9(1581)年《ねん》2月《がつ》23日《にち》のことだった。


「のこすは……。」

弥助《やすけ》が家臣《かしん》にくわわってから1年《ねん》が経過《けいか》した天正《てんしょう》10(1582)年正月《ねんしょうがつ》、安土城天《あづちじょうてん》主最上階《しゅさいじょうかい》の望楼《ぼうろう》から城下町《じょうかまち》を見《み》おろしながら、信長《のぶなが》は独《ひと》り言《ごと》をつぶやいていた。

「第二次織田信長包囲網《だいにじおだのぶながほういもう》」もやぶれ、東《ひがし》は東海《とうかい》、北《きた》は北陸《ほくりく》、西《にし》は播磨《はりま》の国《くに》まで、織田《おだ》信長《のぶなが》の支配《しはい》がおよぶようになっている。

備前《びぜん》の国《くに》(現在《げんざい》の岡山県南東部《おかやまけんなんとうぶ》)、さらに備中《びっちゅう》の国《くに》(現在《げんざい》の岡山県西部《おかやまけんせいぶ》)以西《いせい》は、羽柴《はしば》秀吉《ひでよし》にまかせている。

その秀吉《ひでよし》は、山陰地方《さんいんちほう》にもせめいり、因幡《いなば》の国《くに》(現在《げんざい》の鳥取県東部《とっとりけんとうぶ》)の鳥取城《とっとりじょう》も兵糧《ひょうろう》ぜめで落《お》とし、じわじわと毛利氏《もうりし》の領土《りょうど》を落《お》としていっている。

信長《のぶなが》の期待《きたい》どおりの働《はたら》きといってよかった。

そして、いま信長《のぶなが》が手《て》がけようとしているのは……まだ武田氏《たけだし》の支配《しはい》がおよんでいる信濃《しなの》の国《くに》、そして武田氏《たけだし》の本国《ほんごく》、甲斐《かい》の国《くに》への進攻《しんこう》だ。

信長《のぶなが》が荒木村重《あらきむらしげ》の反逆《はんぎゃく》に手《て》を焼《や》いているさなかの天正《てんしょう》7（1579）年夏《ねんなつ》から秋《あき》にかけて、三河《みかわ》の国《くに》で、ある事件《じけん》が起《お》きた。

すでに20年《ねん》ものあいだ、同盟《どうめい》をむすびつづけている徳川家康《とくがわいえやす》の正室築山殿《せいしつつきやまどの》と嫡男信《ちゃくなんのぶ》康《やす》が武田氏《たけだし》と通《つう》じているのではないかと、信康《のぶやす》に嫁《とつ》いでいる徳姫《とくひめ》が手紙《てがみ》で知《し》らせてきたのだ。

こんな有事《ゆうじ》のときのために嫁《とつ》がせているのだ。同盟《どうめい》の証《あかし》のための結婚《けっこん》とはいえ、しょせんは政略結婚《せいりゃくけっこん》。いまでいう女《おんな》スパイだったと見《み》ることもできる。

もともとは、信康《のぶやす》と築山殿《つきやまどの》の仲《なか》がよく、徳姫《とくひめ》が姑《しゅうとめ》の築山殿《つきやまどの》とうまくいっていないのが、武田内通説《たけだないつうせつ》を生《う》む土壌《どじょう》になっていた。

すぐさま信長《のぶなが》は家康《いえやす》に真偽《しんぎ》のほどを正《ただ》したところ、徳川四天王《とくがわしてんのう》のひとり酒井忠次《さかいただつぐ》が使者《ししゃ》として安土城《あづちじょう》にとんできた。

信長《のぶなが》は問《と》うた。

「徳姫《とくひめ》の手紙《てがみ》に書《か》いてあったことは事実《じじつ》か！」

「それは、あの、その……。」

忠次《ただつぐ》は、即答《そくとう》できなかった。

築山殿《つきやまどの》と信康《のぶやす》が武田《たけだ》と通《つう》じていると確信《かくしん》した信長《のぶなが》は、手紙《てがみ》で家康《いえやす》に命《めい》じた。

築山殿《つきやまどの》は斬罪《ざんざい》！　信康《のぶやす》は切腹《せっぷく》！

信長《のぶなが》は、心《こころ》の中《なか》でわびていた。

「徳川殿《とくがわどの》、すまぬ。たとえ事実《じじつ》でなかろうとも、同盟国《どうめいこく》の者《もの》が敵対国《てきたいこく》と通《つう》じているというわさが立《た》った以上《いじょう》、けじめをつけなければならんのだ。」

築山殿《つきやまどの》は8月《がつ》29日《にち》に殺害《さつがい》され、信康《のぶやす》は9月《がつ》15日《にち》に切腹《せっぷく》した。

徳姫《とくひめ》は、子《こ》どもたちを家康《いえやす》のもとにのこし、翌天正《よくてんしょう》8（1580）年《ねん》2月《がつ》、安土城《あづちじょう》にもどってきた。

あんな不幸《ふこう》をまねかないためにも、武田《たけだ》をたおし、信濃《しなの》の国《くに》も甲斐《かい》の国《くに》も平定《へいてい》しなければならなかった。

信長《のぶなが》は、ふりかえって、岐阜城《ぎふじょう》から年始《ねんし》のあいさつに来《き》ている信忠《のぶただ》に言《い》った。

信忠《のぶただ》は、いまや織田家当主《おだけとうしゅ》として岐阜城《ぎふじょう》を守《まも》っている。信長《のぶなが》は形《かたち》のうえでは隠居《いんきょ》の身《み》。

「信忠《のぶただ》、徳川殿《とくがわどの》のもとには昨年《さくねん》（天正《てんしょう》9＝1581年《ねん》）暮《く》れに兵糧《ひょうろう》を送《おく》り、いくさの準備《じゅんび》をととのえてもらっておる。そろそろいくさの心《こころ》づもりをしておけ。武田《たけだ》ぜめは、そなたにまかせる。織田家当主《おだけとうしゅ》として、しかとつとめよ。よいな？」

「この信忠《のぶただ》におまかせくださいませ。」

父親《ちちおや》に「まかせる。」と言《い》われ、信忠《のぶただ》の目《め》はらんらんとかがやいていた。

だが、このころ徳川家内《とくがわけない》はゆれていた。

いくら長《なが》く同盟関係《どうめいかんけい》にあるとはいえ、築山殿殺害《つきやまどのさつがい》、信康自害《のぶやすじがい》を命《めい》じてきた織田信長《おだのぶなが》という男《おとこ》を信《しん》じていいのか……。

ときは戦国《せんごく》の世《よ》。

調略《ちょうりゃく》、裏切《うらぎ》り、下剋上《げこくじょう》があたりまえの時代《じだい》だった。20年間《ねんかん》も同盟関係《どうめいかんけい》がつづくこと自体《じたい》、異様《いよう》だったといっていい。

2月《がつ》に入《はい》ったところで、武田信玄《たけだしんげん》の娘婿《むすめむこ》の木曾義昌《きそよしまさ》が、武田家《たけだけ》からねがえり、信濃《しなの》の国《くに》から甲斐《かい》の国《くに》への道案内《みちあんない》を申《もう》しいれてきたのを機《き》に、信長《のぶなが》は武田《たけだ》ぜめを決《き》めた。

武田《たけだ》ぜめの一件《いっけん》は、織田家中《おだかちゅう》だけではなく、同盟《どうめい》をむすぶ徳川家康《とくがわいえやす》、北条氏政《ほうじょううじまさ》らにも知《し》らせた。

同盟《どうめい》をむすんでいるとはいえ、立場《たちば》は明《あき》らかに信長《のぶなが》のほうが上《うえ》だから、命令《めいれい》に等《ひと》しかった。

信忠《のぶただ》ひきいる織田軍《おだぐん》は信濃国内《しなのこくない》の城《しろ》を次《つぎ》から次《つぎ》へ落《お》としていった。

信濃《しなの》の国《くに》から甲斐《かい》の国《くに》に侵攻《しんこう》した織田軍《おだぐん》は甲府《こうふ》にせめいった。

織田軍《おだぐん》は、武田一族《たけだいちぞく》、家臣《かしん》らを討《う》ちつづけたが……。

信忠《のぶただ》はさけんだ。

「武田勝頼《たけだかつより》はどこだ！」

勝頼《かつより》の姿《すがた》がどこにもなかったのだ。

そのころ勝頼《かつより》は、身内《みうち》や家臣《かしん》たちを見《み》すてただけでなく、居城《きょじょう》の新府城《しんぷじょう》を焼《や》きはらって逃亡《とうぼう》していた。

さらに向《む》かおうとした先《さき》の家臣《かしん》にもうらぎられ、わずかな親族《しんぞく》、家臣《かしん》とともに天目山《てんもくざん》のふもとの田野《たの》にのがれ、正室《せいしつ》とともに自害《じがい》してはてた。

ここに武田氏《たけだし》は滅亡《めつぼう》した。


勝頼《かつより》が自害《じがい》した3月《がつ》11日《にち》からさかのぼること6日《むいか》まえの3月5日《がついつか》、信長《のぶなが》は安土城《あづちじょう》を発《た》った。

信長《のぶなが》の一行《いっこう》のなかには、1年《ねん》まえに家臣《かしん》にくわえた、褐色《かっしょく》の肌《はだ》をした大男《おおおとこ》の弥助《やすけ》もくわわっていた。

すでに信濃《しなの》の国《くに》、甲斐《かい》の国《くに》いずれも織田軍《おだぐん》が支配《しはい》したあとだったため、ほとんど家《か》督《とく》をゆずった信忠《のぶただ》が指揮《しき》したいくさのあとを見学《けんがく》してまわるだけの、まさに旅行《りょこう》だった。

信濃《しなの》の国《くに》、上諏訪《かみすわ》の寺《てら》に入《はい》った信長《のぶなが》は半月《はんつき》ばかり滞在《たいざい》。

そのあいだに、甲斐《かい》の国《くに》を河尻秀隆《かわじりひでたか》、駿河《するが》の国《くに》を徳川家康《とくがわいえやす》、信濃《しなの》のうちの4郡《ぐん》を森長可《もりながよし》にあたえ、上野《こうずけ》の国《くに》(現在《げんざい》の群馬県《ぐんまけん》)の厩橋城《うまやばしじょう》に滝川一益《たきがわかずます》をおいて関東管領《かんとうかんれい》に命《めい》じた。

信長《のぶなが》は焼《や》けおちた新府城《しんぷじょう》を通過《つうか》してから甲府《こうふ》に入《はい》り、徳川家《とくがわけ》に通達《つうたつ》した。

——「駿河《するが》の国《くに》に入《はい》る。」

知《し》らせを受《う》けた家康《いえやす》は、道路《どうろ》をととのえ、信長《のぶなが》が休《やす》む陣屋《じんや》をたてるなど大《おお》あわてだったという。

富士山《ふじさん》をのぞみながら家康《いえやす》の接待《せったい》を受《う》けつづけた信長《のぶなが》は、上《じょう》きげんで安土《あづち》に帰《かえ》っていった。

第一次《だいいちじ》・第二次《だいにじ》の「織田信長包囲網《おだのぶながほういもう》」のメンバーたちが、つぎつぎに亡《な》くなり、ほろんだことで、信長《のぶなが》の「天下布武《てんかふぶ》」をじゃまする者《もの》はどんどんへっていった。

のこす大《おお》きな敵将《てきしょう》は、中国《ちゅうごく》の毛利輝元《もうりてるもと》、四国《しこく》の長宗我部元親《ちょうそかべもとちか》、九州《きゅうしゅう》の島津義久《しまづよしひさ》くらいのものとなっていた。

安土城《あづちじょう》が見《み》えるところまで帰《かえ》ってきた信長《のぶなが》は、天主《てんしゅ》を遠《とお》くに見《み》ながらつぶやいた。

「猿《さる》に中国平定《ちゅうごくへいてい》を急《いそ》がせねば。」

三職推任問題《さんしょくすいにんもんだい》

「光秀《みつひで》、徳川殿《とくがわどの》の接待《せったい》、しかとたのむぞ。」

信濃《しなの》の国《くに》、甲斐《かい》の国《くに》、駿河《するが》の国《くに》から安土《あづち》にもどった信長《のぶなが》は、明智光秀《あけちみつひで》をよんでいた。

目《め》の前《まえ》の畳《たたみ》に、光秀《みつひで》が平伏《へいふく》している。

「徳川殿《とくがわどの》が、あれほど走《はし》りまわって、わしを接待《せったい》してくれたのだ。お返《かえ》しをせねばなるまい。」

「しかし、お館《やかた》さま……。」

光秀《みつひで》が顔《かお》をあげた。

「……いまは接待《せったい》のお返《かえ》しではなく、中国《ちゅうごく》ぜめに尽力《じんりょく》すべきではございま……。」

光秀《みつひで》が、すべてを言《い》いおわるまえに、信長《のぶなが》は立《た》ちあがった。

そして突進《とっしん》するなり、光秀《みつひで》の顔《かお》をけりあげた。

あおむけにのけぞった光秀《みつひで》の体《からだ》が、畳《たたみ》の端《はし》から廊下《ろうか》までふっとび、柱《はしら》の角《かど》に当《あ》たった。

また平伏《へいふく》する光秀《みつひで》の額《ひたい》に、血《ち》がすこし流《なが》れている。

光秀《みつひで》が、小《ちい》さくふるえながら信長《のぶなが》を見上《みあ》げている。それを見《み》て、また信長《のぶなが》がけりあげた。

「この金柑頭《きんかあたま》め！」

床《ゆか》にはいつくばる光秀《みつひで》を見《み》おろしながら、信長《のぶなが》は言《い》いきった。

「わしがやれと命《めい》じたら、やるのだ。」

信長《のぶなが》は、一度《いちど》言葉《ことば》を切《き》ってから、やや落《お》ちついた口調《くちょう》で言《い》った。

「光秀《みつひで》、徳川殿《とくがわどの》の接待《せったい》、たのむぞ。そなたにまかせた。」

「はっ……。」

信長《のぶなが》にまかされ、光秀《みつひで》は徳川家康《とくがわいえやす》の接待《せったい》をやりとげた。

だが、そこには、信長《のぶなが》と信忠《のぶただ》、信長《のぶなが》と秀吉《ひでよし》、信長《のぶなが》と家康《いえやす》との間《あいだ》にきずかれたような信頼関係《しんらいかんけい》が生《う》まれることはなかった。


信長《のぶなが》から招待《しょうたい》を受《う》けた家康《いえやす》と重臣《じゅうしん》たちは、5月《がつ》15日《にち》に安土城《あづちじょう》に入《はい》った。

信長《のぶなが》の前《まえ》にすわった家康《いえやす》は、平伏《へいふく》し、深々《ふかぶか》と頭《あたま》をさげた。

「こたびはおまねきいただき、ありがとうぞんじます。また、あらためて、駿河《するが》一国《いっこく》をたまわり、まことにありがとうぞんじます。」

「かの件《けん》では、わしも心苦《こころぐる》しゅうござった。」

築山殿《つきやまどの》、信康《のぶやす》の一件《いっけん》を指《さ》している。

「ありがたき、お言葉《ことば》……。」

家康一行《いえやすいっこう》は、5月20日《がつはつか》まで安土城《あづちじょう》で接待《せったい》を受《う》けた。

信長《のぶなが》は、家康《いえやす》に言《い》った。

「せっかく来《こ》られたのだ。安土《あづち》でゆるりとされたら、京《きょう》、堺《さかい》などを遊覧《ゆうらん》されるとよかろう。」

家康一行《いえやすいっこう》は、信長《のぶなが》のすすめどおり安土《あづち》をはなれ、京都《きょうと》に入《はい》った。元亀《げんき》1（1570）年以来《ねんいらい》12年《ねん》ぶりの上洛《じょうらく》だった。

家康一行《いえやすいっこう》は、21日《にち》から29日《にち》まで京都《きょうと》に滞在《たいざい》したのち堺《さかい》を遊覧《ゆうらん》。翌日《よくじつ》の6月《がつ》1日《ついたち》[1]、堺《さかい》で、今井宗久《いまいそうきゅう》、津田宗及《つだそうぎゅう》らの茶会《ちゃかい》に参加《さんか》する。

[1] 旧暦《きゅうれき》の天正《てんしょう》10（1582）年《ねん》5月《がつ》は29日《にち》までしかなかった。

家康《いえやす》が安土城《あづちじょう》で接待《せったい》を受《う》けるまえ――。

4月《がつ》下旬《げじゅん》から5月《がつ》はじめにかけて、京都《きょうと》の朝廷内《ちょうていない》では、ある問題《もんだい》がもちあがっていた。

武田勝頼《たけだかつより》をたおしたいま、家康《いえやす》はもちろん、北条氏政《ほうじょううじまさ》も事実上《じじつじょう》、信長《のぶなが》に屈《くっ》しているため、朝廷《ちょうてい》としては、なにかしら信長《のぶなが》に肩書《かたがき》を「あたえる」ことで、上《うえ》に立《た》つ必要《ひつよう》があった。

そこで朝廷《ちょうてい》が提示《ていじ》したのが――。

一、太政大臣《だいじょうだいじん》
一、関白《かんぱく》
一、征夷大将軍《せいいたいしょうぐん》

この3つの肩書《かたがき》のいずれかを信長《のぶなが》に「あたえたい」と提示《ていじ》したところ、信長《のぶなが》はいずれも拒否《きょひ》し、朝廷《ちょうてい》をこまらせたとされている。

肩書《かたがき》など、はっきりいって信長《のぶなが》には、どうでもいいことだった。

だからことわっただけで、朝廷《ちょうてい》に対《たい》して悪意《あくい》があったわけでもなんでもない。[2]

家康《いえやす》の接待《せったい》を終《お》えたところで、信長《のぶなが》は明智光秀《あけちみつひで》に命《めい》じた。

「光秀《みつひで》、中国《ちゅうごく》に行《い》って、秀吉《ひでよし》の加勢《かせい》をせえ。」

「加勢《かせい》……にございますか。」

光秀《みつひで》が不満《ふまん》そうな表情《ひょうじょう》をうかべたが、信長《のぶなが》はあえて気《き》づかぬふりをしていた。

光秀《みつひで》が不満《ふまん》そうな顔《かお》をするのもむりはなかった。

織田家中《おだかちゅう》では、朝廷《ちょうてい》との連絡役《れんらくやく》、いくさの後処理《あとしょり》などをこなすことで出世《しゅっせ》し、家臣《かしん》

[2] 太政大臣《だいじょうだいじん》、関白《かんぱく》、将軍《しょうぐん》が議論《ぎろん》になったあと、朝廷《ちょうてい》は最終的《さいしゅうてき》には信長《のぶなが》を「将軍《しょうぐん》」に任命《にんめい》しようとした。信長《のぶなが》がはっきり返事《へんじ》をしなかった理由《りゆう》は、いまも意見《いけん》がわかれている。

のなかでもトップクラスに位置《いち》している光秀《みつひで》にとって、農民出身《のうみんしゅっしん》で小者《こもの》からなりあがった羽柴秀吉《はしばひでよし》は「下《した》」の存在《そんざい》だった。

その秀吉《ひでよし》の「加勢《かせい》」をすることは、光秀《みつひで》のプライドがゆるさなかったのだ。

天才《てんさい》タイプの信長《のぶなが》と秀才《しゅうさい》タイプの光秀《みつひで》は反《そ》りが合《あ》わなかった。

また、秀才《しゅうさい》タイプの光秀《みつひで》は努力《どりょく》タイプの秀吉《ひでよし》とも反《そ》りが合《あ》わなかったのだ。

だがさからえば、また暴力《ぼうりょく》をふるわれることは目《め》に見《み》えていたため、光秀《みつひで》はうなずいた。

「……かしこまりました。」

「まかせたぞ。」

「はっ。」

「わしも、追《お》って中国《ちゅうごく》に行《い》く。秀吉《ひでよし》から、再三《さいさん》、救援要請《きゅうえんようせい》を受《う》けているからな。」

だが、このときの信長《のぶなが》の「まかせた」の言葉《ことば》は、光秀《みつひで》の心《こころ》にまったくひびいていなかった。

そのころ秀吉《ひでよし》は、備中《びっちゅう》の国《くに》にいて、毛利方《もうりがた》の武将《ぶしょう》清水宗治《しみずむねはる》が城主《じょうしゅ》をつとめる高松城《たかまつじょう》を囲《かこ》んで、水《みず》ぜめにしていた。

調略《ちょうりゃく》に応《おう》じなかったため城《しろ》を囲《かこ》みはじめたのが5月7日《がつなのか》。

秀吉《ひでよし》は、城《しろ》の周囲《しゅうい》に堤防《ていぼう》をきずき、城《しろ》のそばを流《なが》れる足守川《あしもりがわ》にボロ船《ぶね》をしずめてせきとめた。

そのうえで堤防《ていぼう》の一部《いちぶ》を決壊《けっかい》させて、城《しろ》を水《みず》ぜめにしたのだ。

折《おり》からの梅雨《つゆ》の長雨《ながあめ》も手《て》つだって、高松城《たかまつじょう》は見《み》るまに湖《みずうみ》にうかぶ城《しろ》になった。

三木城《みきじょう》ぜめのさなかに竹中半兵衛《たけなかはんべえ》が病死《びょうし》したため、いまは小寺《こでら》から改姓《かいせい》して軍師《ぐんし》となった黒田官兵衛《くろだかんべえ》の発案《はつあん》によるものだった。

高松城《たかまつじょう》には、毛利輝元《もうりてるもと》も救援《きゅうえん》にかけつけていた。

いくさが長引《ながび》きそうなため、秀吉《ひでよし》は信長《のぶなが》に救援要請《きゅうえんようせい》をしていたのだ。

明智光秀《あけちみつひで》らを先《さき》に向《む》かわせた信長《のぶなが》は、5月《がつ》29日《にち》、安土城《あづちじょう》を出発《しゅっぱつ》した。織田家《おだけ》をついでいる信忠《のぶただ》とその家臣《かしん》たちは京都《きょうと》の妙覚寺《みょうかくじ》に、信長《のぶなが》はわずかな家臣《かしん》たちとともに本能寺《ほんのうじ》に入《はい》った。

信長《のぶなが》は、本能寺《ほんのうじ》を宿舎《しゅくしゃ》にするにあたり、周囲《しゅうい》に堀《ほり》をほり、土居《どい》をきずくなどの増改築《ぞうかいちく》をしていた。京都《きょうと》における信長《のぶなが》の「城《しろ》」にしていたのだ。

本能寺《ほんのうじ》の変《へん》

織田信長《おだのぶなが》は、森蘭丸《もりらんまる》・坊丸《ぼうまる》・力丸《りきまる》三兄弟《さんきょうだい》ら小姓《こしょう》たちをはじめ、少《すく》ない家臣《かしん》をつれて本能寺《ほんのうじ》に入《はい》った。

翌日《よくじつ》の6月《がつ》1日《ついたち》夜《よる》、信長《のぶなが》は茶会《ちゃかい》を開《ひら》いた。

名目《めいもく》は信長《のぶなが》の武田《たけだ》ぜめからの凱旋《がいせん》をいわうというもので、関白《かんぱく》の一条内基《いちじょううちもと》、前太政大臣《さきのだいじょうだいじん》の近衛前久《このえさきひさ》、勧修寺晴豊《かじゅうじはれとよ》など公家《くげ》たちがずらりと顔《かお》をならべただけでなく、博多《はかた》の豪商《ごうしょう》で茶人《ちゃじん》の島井宗室《しまいそうしつ》、神屋宗湛《かみやそうたん》も名《な》を連《つら》ねていた。

だが信長《のぶなが》が茶会《ちゃかい》を開《ひら》いたいちばんの理由《りゆう》は、凱旋記念《がいせんきねん》などではなく、コレクションした名物茶器《めいぶつちゃき》を公家《くげ》や茶人《ちゃじん》たちに見《み》せびらかすためだった。

ただのコレクション自慢《じまん》ではない。

当時《とうじ》は茶器《ちゃき》ひとつで一国《いっこく》が買《か》える時代《じだい》だった。名物茶器《めいぶつちゃき》を多《おお》く持《も》っていることは、すなわち権力者《けんりょくしゃ》の証《あかし》でもあった。

信長《のぶなが》は、公家《くげ》たちを集《あつ》め、いかに力《ちから》があるかを見《み》せつけたかったのだ。見《み》せつけることで、太政大臣《だいじょうだいじん》、関白《かんぱく》、征夷大将軍《せいいたいしょうぐん》などの地位《ちい》につくことなど、どうでもいいことだとしめしたかったのかもしれない。

きっと、こんな会話《かいわ》が交《か》わされていたにちがいない。

「信長殿《のぶながどの》、その茶器《ちゃき》は、なんでしょうか。」

「松永久秀《まつながひさひで》と大和一国《やまといっこく》を交換《こうかん》したもの。」

「ひょっとして、『九十九髪《つくもがみ》』で？」

「いかにも。」

「これがうわさの……。」

夜《よる》、公家衆《くげしゅう》はそれぞれ帰宅《きたく》したが、博多《はかた》からやってきたふたりは本能寺《ほんのうじ》に宿泊《しゅくはく》し、本能寺《ほんのうじ》の変《へん》に出《で》くわして、あわててにげだすことになる。

そのころ明智光秀《あけちみつひで》は、居城《きょじょう》の丹波《たんば》の国《くに》（京都府中部《きょうとふちゅうぶ》と兵庫県中東部《ひょうごけんちゅうとうぶ》）の亀山城《かめやまじょう》を出発《しゅっぱつ》していた。家臣《かしん》たちは「中国《ちゅうごく》に行《い》く」と思《おも》っている。

光秀《みつひで》は、5月《がつ》27日《にち》に愛宕山《あたごやま》に登《のぼ》り、愛宕神社《あたごじんじゃ》で戦勝祈願《せんしょうきがん》をしていた。

そのとき、二度《にど》も三度《さんど》もおみくじを引《ひ》いたという。

その愛宕山《あたごやま》で連歌会《れんがかい》をもよおし、こんな歌《うた》を詠《よ》んだ。

時《とき》は今《いま》　天《あめ》が下《した》しる　五月哉《さつきかな》

のちに、「時《とき》」は出身氏族《しゅっしんしぞく》の「土岐《とき》」、「天が下《あめがした》しる」は「天下《てんか》」にかかっている……すなわち、「いま、まさに、土岐氏出身《ときししゅっしん》の明智光秀《あけちみつひで》が天下《てんか》を支配《しはい》することになる。この5月《がつ》に。」と解釈《かいしゃく》できるという説《せつ》が流布《るふ》され、「明智光秀《あけちみつひで》は天下《てんか》をのぞんでいた。だから信長《のぶなが》をおそったのだ。」という、本能寺《ほんのうじ》の変《へん》を起《お》こしたのは光秀《みつひで》が天下《てんか》をとりたかったという説《せつ》が生《う》まれることになった。

光秀《みつひで》は馬《うま》を止《と》めて、采配《さいはい》をふるった。

「敵《てき》は本能寺《ほんのうじ》にあり！」

茶会《ちゃかい》を終《お》えた信長《のぶなが》は、夜《よる》おそくに寝床《ねどこ》についた。

そして数時間後《すうじかんご》――。

足音《あしおと》とともに、廊下《ろうか》から森蘭丸《もりらんまる》の声《こえ》がひびいた。

「お館《やかた》さま！　お館《やかた》さま！　た、た、たいへんです！」

信長《のぶなが》は、白《しろ》い寝間着《ねまき》のまま上体《じょうたい》を起《お》こし、布団《ふとん》から立《た》ちあがり、障子《しょうじ》を開《あ》けた。

蘭丸《らんまる》が血相《けっそう》をかえて立《た》っていた。

「なにごとだ。」

「襲撃《しゅうげき》です。」

「なに？」

「幟《のぼり》がたくさん見《み》えました。」

「家紋《かもん》はなんだ。」

蘭丸《らんまる》の顔《かお》に緊張《きんちょう》が走《はし》る。

「き、桔梗《ききょう》、です。」

「なんだと……。」

桔梗紋《ききょうもん》は明智《あけち》家《け》の家紋《かもん》だ。蘭丸《らんまる》も、光秀《みつひで》が襲撃《しゅうげき》してきたことにおどろいているのだ。

「光秀《みつひで》が……。」

一度《いちど》言葉《ことば》を切《き》ってから、信長《のぶなが》は独《ひと》りごちた。

「是非《ぜひ》におよばず。」

是非《ぜひ》におよばず――「どちらがよい悪《わる》いではない。刃《やいば》をまじえるしかない。」と、信長《のぶなが》は言《い》いたかったのだ。

蘭丸《らんまる》が雨戸《あまど》を開《あ》けた。

信長《のぶなが》は縁側《えんがわ》に出《で》た。あとから蘭丸《らんまる》がつづく。

外《そと》は暗《くら》い。まだ夜《よ》が明《あ》けていない。

はしごを使《つか》って兵《へい》たちが境内《けいだい》に入《はい》ってきて、門扉《もんぴ》の閂《かんぬき》を外《はず》した。

将兵《しょうへい》たちがなだれこんできたばかりか、矢《や》もとんできた。

「お蘭《らん》！　弓《ゆみ》を持《も》て！」

「こちらに！」

片《かた》ひざをついた蘭丸《らんまる》が、弓《ゆみ》と、胡簶《やなぐい》からぬいた矢《や》を1本《ぽん》さしだしてきた。

信長《のぶなが》は、弓《ゆみ》をかまえると、明智《あけち》の兵《へい》に向《む》かって、片《かた》っぱしから射《い》はじめた。

信長《のぶなが》が1本《ぽん》射《い》るたびに、蘭丸《らんまる》が矢《や》をさしだしてくる。

矢《や》が失《な》くなると、信長《のぶなが》は室内《しつない》にかけておいた槍《やり》で兵《へい》たちとたたかった。

ときにとんでくる矢《や》をはらう。

ただはらいきれない矢《や》が建物《たてもの》の壁《かべ》にささった。

「敵《てき》をたおせ！」

信長《のぶなが》の命令《めいれい》で、森蘭丸《もりらんまる》・坊丸《ぼうまる》・力丸《りきまる》の三兄弟《さんきょうだい》、弥助《やすけ》らも境内《けいだい》におりたってたたかっているが、いかんとも敵《てき》の数《かず》が多《おお》すぎた。

そのとき――。

「うっ。」

信長《のぶなが》はひじに激痛《げきつう》をおぼえた。

槍《やり》を受《う》けたのだ。

信長《のぶなが》は、槍《やり》をつかんでぬくと、蘭丸《らんまる》に命《めい》じた。

「お蘭《らん》！　女《おんな》たちをにがせ！」

「お館《やかた》さまは！」

「わしはにげるわけにはいかん。女《おんな》たちを早《はや》くにがせ！　行《い》け！」

信長《のぶなが》は、これまででいちばんきつく蘭丸《らんまる》に命《めい》じた。

信長《のぶなが》は思《おも》っていた。

（これはいくさ。男《おとこ》は、武士《ぶし》はたたかうのが本分《ほんぶん》。だが女《おんな》たちをまきこんで死《し》なせるわけにはいかん。）

境内《けいだい》を見《み》ると、弥助《やすけ》も槍《やり》をふりまわしながら、にげまわっている。

――「来《く》るな！」

――「やめろ！」

――「助《たす》けて！」

海外《かいがい》で宣教師《せんきょうし》にひろわれて日本《にっぽん》にやってきた弥助《やすけ》は、まさかいくさにまきこまれることになろうとは思《おも》ってもいなかったにちがいない。

信長《のぶなが》は、心《こころ》の中《なか》で弥助《やすけ》に語《かた》りかけた。

（たくましく生《い》きのこれ、弥助《やすけ》！）

信長《のぶなが》は、弥助《やすけ》、そして蘭丸《らんまる》の背中《せなか》を見送《みおく》ると、開《あ》けはなした障子《しょうじ》から室内《しつない》に入《はい》った。

奥《おく》の座敷《ざしき》に進《すす》んでいく。

全身《ぜんしん》が炎《ほのお》につつまれているように熱《あつ》い。

建物《たてもの》はもえあがりはじめている。

火《ひ》のまわりが速《はや》い。

天井板《てんじょういた》がいまにもくずれおちそうだ。

信長《のぶなが》は、座敷《ざしき》のまんなかにすわり、脇差《わきざし》の鞘《さや》をはらった。

河内《かわち》の国《くに》から遠江《とおとうみ》の国《くに》にかけての東海道《とうかいどう》の道《みち》に幹線道路《かんせんどうろ》をしいたように、天下布武《てんかふぶ》の道《みち》をしいた。だが……。

（それも、ここまで。だが、わしの思《おも》いをついで天下統一《てんかとういつ》をなしとげ、いくさのない世《よ》をきずく者《もの》は、かならずやあらわれよう。だが、それは光秀《みつひで》、そなたではない。せがれの信忠《のぶただ》だ。もし信忠《のぶただ》がその器《うつわ》でないなら、羽柴秀吉《はしばひでよし》、徳川家康《とくがわいえやす》であってもいい。

いずれにせよ、わしの役目《やくめ》もここまで。みな、あとはたのんだぞ。）

信長《のぶなが》は、脇差《わきざし》をはらにつきたて、真一文字《まいちもんじ》に引《ひ》いてからぬき、右《みぎ》の首筋《くびすじ》に当《あ》て、力《ちから》をこめた。意識《いしき》がうすれていった。

信長《のぶなが》、享年《きょうねん》49。

森蘭丸《もりらんまる》・坊丸《ぼうまる》・力丸《りきまる》の三兄弟《さんきょうだい》は討《う》ち死《じ》に。それぞれ享年《きょうねん》18、17、16。

弥助《やすけ》は光秀《みつひで》によって解放《かいほう》されたという説《せつ》、もしくは逃亡《とうぼう》したという説《せつ》がある。

妙覚寺《みょうかくじ》に宿泊《しゅくはく》していた信忠《のぶただ》は、本能寺《ほんのうじ》がおそわれた知《し》らせを受《う》けるなり救援《きゅうえん》に向《む》かう。

だが途中《とちゅう》で信長《のぶなが》自害《じがい》の報《ほう》に接《せっ》すると、二条御新造《にじょうごしんぞう》［3］に移動《いどう》。誠仁親王《さねひとしんのう》を脱出《だっしゅつ》させて籠城《ろうじょう》したところで、明智軍《あけちぐん》の攻撃《こうげき》を受《う》けた。

信忠《のぶただ》は懸命《けんめい》にたたかったが、多勢《たぜい》に無勢《ぶぜい》。父信長《ちちのぶなが》につづいて自害《じがい》してはてた。享年《きょうねん》

26。

本能寺《ほんのうじ》は、明智軍《あけちぐん》によるものか、信長《のぶなが》が命《めい》じたものかわからないが、不審火《ふしんび》によって焼《や》けおちた。翌朝《よくあさ》、日《ひ》がのぼってから、光秀《みつひで》は信長《のぶなが》の遺体《いたい》をさがさせたが、見《み》つからなかったという。

このあと――。

備中《びっちゅう》の国《くに》で高松城《たかまつじょう》を水《みず》ぜめにしていた羽柴秀吉《はしばひでよし》には、あるぐうぜんが味方《みかた》する。光秀《みつひで》が毛利輝元《もうりてるもと》に放《はな》った密使《みっし》が、まちがえて秀吉《ひでよし》の陣《じん》にかけこみ、本能寺《ほんのうじ》の変《へん》を知《し》

[3] 信長《のぶなが》が皇太子《こうたいし》の誠仁親王《さねひとしんのう》に献上《けんじょう》した御所《ごしょ》。二条城《にじょうじょう》ともよばれるが、足利義昭《あしかがよしあき》の二条城《にじょうじょう》（二条御所《にじょうごしょ》）とも、徳川家康《とくがわいえやす》のきずいた現在《げんざい》の二条城《にじょうじょう》とも別《べつ》の城《しろ》。

らせる密書《みっしょ》をわたしてしまったのだ。

秀吉《ひでよし》は、その事実《じじつ》を毛利方《もうりがた》にかくしたうえで、急遽和睦《きゅうきょわぼく》をむすび、「中国大返《ちゅうごくおおがえ》し」を敢行《かんこう》する。提案《ていあん》したのは、軍師《ぐんし》の黒田官兵衛《くろだかんべえ》だった。

備中《びっちゅう》の国《くに》から播磨《はりま》の国《くに》の姫路城《ひめじじょう》を経由《けいゆ》し、山陽道《さんようどう》をひた走《はし》って帰《かえ》ったのだ。

そしてまだ味方集《みかたあつ》めに苦労《くろう》していた光秀《みつひで》と、摂津《せっつ》の国《くに》と山城《やましろ》の国《くに》のさかいに位置《いち》する山崎《やまざき》で合戦《かっせん》。秀吉《ひでよし》は「弔《とむら》い合戦《がっせん》」で光秀《みつひで》の軍《ぐん》に打《う》ち勝《か》つ。

光秀《みつひで》の天下《てんか》は「三日天下《みっかてんか》」（実際《じっさい》は12日間《にちかん》）で終《お》わった。

光秀《みつひで》は逃亡途中《とうぼうとちゅう》、山科《やましな》の竹藪《たけやぶ》の中《なか》で地元《じもと》の武装《ぶそう》した農民《のうみん》たちによって竹槍《たけやり》で刺《さ》されてしまう。重傷《じゅうしょう》を負《お》った光秀《みつひで》は自害《じがい》してはてる。

そして信長《のぶなが》が心血《しんけつ》を注《そそ》いでたてた安土城《あづちじょう》は、一時《いちじ》、明智軍《あけちぐん》によって占拠《せんきょ》されていたが、本能寺《ほんのうじ》と同《おな》じく不審火《ふしんび》によって焼失《しょうしつ》してしまう……。

織田信長《おだのぶなが》は死《し》んだ。

岐阜城《ぎふじょう》で「天下布武《てんかふぶ》」を目指《めざ》してから15年《ねん》。戦国《せんごく》の世《よ》をかけぬけた織田信長《おだのぶなが》の「天下統一《かとういつ》」への夢《ゆめ》は、あと一歩《いっぽ》のところでついえてしまった。

だが信長《のぶなが》によって、戦国《せんごく》の世《よ》は、いや、日本史《にほんし》は大《おお》きく生《う》まれかわった。

信長《のぶなが》は、それまで国同士《くにどうし》があらそっていた戦国乱世《せんごくらんせい》に、天下統一《てんかとういつ》という道《みち》をしめした。その大望《たいもう》は秀吉《ひでよし》、家康《いえやす》に引《ひ》きつがれ、いくさのない世《よ》を目指《めざ》す新《あたら》しい時代《じだい》へとうつっていくことになるのだ。

（終《お》わり）

織田信長《おだのぶなが》の年表《ねんぴょう》

年代《ねんだい》	年齢《ねんれい》	できごと	世《よ》の中《なか》の動《うご》き
1534（天文《てんぶん》3）	1歳《さい》	5月《がつ》12日《にち》、尾張《おわり》の国《くに》（愛知県西部《あいちけんせいぶ》）の守護代《しゅごだい》の家老《かろう》、織田信秀《おだのぶひで》の子《こ》として生《う》まれる。幼名《ようめい》は吉法師《きっぽうし》。	
1537（天文《てんぶん》6）			豊臣秀吉《とよとみひでよし》生《う》まれる。
1542（天文《てんぶん》11）			徳川家康《とくがわいえやす》生《う》まれる。
1543（天文《てんぶん》12）			種子島《たねがしま》に鉄砲伝来《てっぽうでんらい》。
1546（天文《てんぶん》15）	13歳《さい》	元服《げんぷく》し、織田三郎信長《おださぶろうのぶなが》と名乗《なの》る。	
1547（天文《てんぶん》16）	14歳《さい》	父信秀《ちちのぶひで》、今川義元《いまがわよしもと》と三河《みかわ》の国《くに》（愛知県中《あいちけんちゅう》・東部《とうぶ》）でたたかう。信長《のぶなが》、吉良《きら》・大浜《おおはま》にて初陣《ういじん》。	
1548（天文《てんぶん》17）	15歳《さい》	美濃《みの》の国《くに》（岐阜県南部《ぎふけんなんぶ》）をおさめる斎藤道三《さいとうどうさん》の娘《むすめ》と結婚《けっこん》する。	
1549（天文《てんぶん》18）	16歳《さい》	竹千代《たけちよ》（のちの家康《いえやす》）が織田家《おだけ》から今川家《いまがわけ》の人《ひと》質《じち》となる。	宣教師《せんきょうし》ザビエルがキリスト教《きょう》をつたえる。

1552（天文《てんぶん》21）	19歳《さい》	父《ちち》信秀《のぶひで》が死去《しきょ》（天文《てんぶん》18年《ねん》、20年《ねん》という説《せつ》もある）。信《のぶ》長《なが》が家督《かとく》をつぐ。	
1553（天文《てんぶん》22）	20歳《さい》	老臣《ろうしん》の平手政秀《ひらてまさひで》、信長《のぶなが》をいさめて切腹《せっぷく》する。信長《のぶなが》、政秀《まさひで》の死《し》をいたみ、政秀寺《せいしゅうじ》をたてる。	
1554（天文《てんぶん》23）	21歳《さい》	清須城《きよすじょう》の織田信友《おだのぶとも》を討《う》ち、本拠《ほんきょ》をうつす。	
1557（弘治《こうじ》3）			毛利元就《もうりもとなり》、大内氏《おおうちし》をほろぼす。
1558（永禄《えいろく》1）	25歳《さい》	斎藤義龍《さいとうよしたつ》と組《く》んだ織田信賢《おだのぶかた》をやぶる。信長《のぶなが》に謀反《むほん》をくわだてた、弟《おとうと》の信行《のぶゆき》を殺《ころ》す。尾張《おわり》の国《くに》をほぼ統一《とういつ》する。	
1560（永禄《えいろく》3）	27歳《さい》	5月《がつ》19日《にち》、桶狭間《おけはざま》の戦《たたか》いで今川義元《いまがわよしもと》の大軍《たいぐん》をやぶる。	
1562（永禄《えいろく》5）	29歳《さい》	徳川家康《とくがわいえやす》と同盟《どうめい》をむすぶ。	
1563（永禄《えいろく》6）	30歳《さい》	美濃《みの》の国攻略《くにこうりゃく》のため、本拠《ほんきょ》を小牧山城《こまきやまじょう》にうつす。	
1565（永禄《えいろく》8）			三好三人衆《みよしさんにんしゅう》・松永久通《まつながひさみち》、将軍足利義輝《しょうぐんあしかがよしてる》を討《う》つ。

1567（永禄《えいろく》10）	34歳《さい》	斎藤龍興《さいとうたつおき》の稲葉山城《いなばやまじょう》をせめおとす。名《な》を岐阜《ぎふ》城《じょう》にあらため、本拠《ほんきょ》をうつす。「天下布武《てんかふぶ》」をかかげる。城下町《じょうかまち》加納《かのう》を楽市《らくいち》に指定《してい》する。	
1568（永禄《えいろく》11）	35歳《さい》	信長《のぶなが》、足利義昭《あしかがよしあき》と会《あ》う。義昭《よしあき》を奉《ほう》じて兵《へい》を進《すす》め入京《にゅうきょう》。義昭《よしあき》を将軍職《しょうぐんしょく》につける。	足利義昭《あしかがよしあき》、室町幕府《むろまちばくふ》第《だい》15代《だい》将軍《しょうぐん》となる。
1569（永禄《えいろく》12）	36歳《さい》	ルイス・フロイスに布教《ふきょう》をゆるす。延暦寺《えんりゃくじ》が、信長《のぶなが》の寺領横領《じりょうおうりょう》を朝廷《ちょうてい》にうったえる。	
1570（永禄《えいろく》13）（元亀《げんき》1）	37歳《さい》	将軍義昭《しょうぐんよしあき》の実権《じっけん》をうばう。近江《おうみ》（滋賀県《しがけん》）の姉川《あねがわ》で、朝倉義景《あさくらよしかげ》・浅井長政《あざいながまさ》の連合軍《れんごうぐん》をやぶる。大坂本願寺《おおざかほんがんじ》（現通称石山本願寺《げんつうしょういしやまほんがんじ》）が信長《のぶなが》に敵対《てきたい》する。以後《いご》、本願寺《ほんがんじ》との戦《たたか》いが始《はじ》まる。	
1571（元亀《げんき》2）	38歳《さい》	長島《ながしま》の一向一揆《いっこういっき》に苦戦《くせん》する。朝倉《あさくら》・浅井《あざい》に味方《みかた》する比叡山延暦寺《ひえいざんえんりゃくじ》を焼《や》きうつ。	
1572（元亀《げんき》3）	39歳《さい》	12月《がつ》（1573年《ねん》1月《がつ》）、三方ケ原《みかたがはら》の戦《たたか》いで、徳川《とくがわ》・織田軍《おだぐん》が武田信玄《たけだしんげん》の甲州軍《こうしゅうぐん》に大敗《たいはい》する。	義昭《よしあき》と盟約《めいやく》をむすんだ武田《たけだ》信玄《しんげん》、上洛《じょうらく》を決意《けつい》。
1573（元亀《げんき》4）（天正《てんしょう》1）	40歳《さい》	兵《へい》をあげた義昭《よしあき》を、河内《かわち》の若江《わかえ》に追放《ついほう》する。朝倉義景《あさくらよしかげ》・浅井長政《あざいながまさ》を討《う》ちほろぼす。	4月《がつ》、武田信玄《たけだしんげん》死去《しきょ》。7月《がつ》、室町幕府滅亡《むろまちばくふめつぼう》。

1574（天正《てんしょう》2）	41歳《さい》	長島《ながしま》の一向一揆《いっこういっき》を平定《へいてい》する。	
1575（天正《てんしょう》3）	42歳《さい》	5月《がつ》、長篠《ながしの》の戦《たたか》いで、織田《おだ》・徳川軍《とくがわぐん》、武田勝頼軍《たけだかつよりぐん》をやぶる。越前《えちぜん》の一向一揆《いっこういっき》を平定《へいてい》する。	
1576（天正《てんしょう》4）	43歳《さい》	1月《がつ》、安土城着工《あづちじょうちゃっこう》。2月《がつ》、安土城《あづちじょう》に居城《きょじょう》をうつす。7月《がつ》、織田水軍《おだすいぐん》が毛利水軍《もうりすいぐん》にやぶれる。	上杉謙信《うえすぎけんしん》、大坂本願寺《おおさかほんがんじ》と手《て》をむすぶ。
1577（天正《てんしょう》5）	44歳《さい》	3月《がつ》、紀伊《きい》の国《くに》（和歌山県《わかやまけん》・三重県《みえけん》の一部《いちぶ》）の雑賀衆《さいかしゅう》をせめる。10月《がつ》、松永久秀《まつながひさひで》を討《う》つ。羽柴秀吉《はしばひでよし》（のちの豊臣秀吉《とよとみひでよし》）に毛利勢《もうりぜい》の討伐《とうばつ》を命《めい》じる。	
1578（天正《てんしょう》6）			3月《がつ》、上杉謙信急死《うえすぎけんしんきゅうし》。
1579（天正《てんしょう》7）	46歳《さい》	安土城《あづちじょう》の天主《てんしゅ》ができる。	
1580（天正《てんしょう》8）	47歳《さい》	大坂本願寺《おおざかほんがんじ》の顕如《けんにょ》と和睦《わぼく》する。	
1581（天正《てんしょう》9）	48歳《さい》	京都御馬揃《きょうとおうまぞろえ》（いまの軍事《ぐんじ》パレード）を行《おこな》う。	
1582（天正《てんしょう》10）	49歳《さい》	3月《がつ》、織田《おだ》・徳川《とくがわ》の連合軍《れんごうぐん》、天目山《てんもくざん》で武田勝頼《たけだかつより》をほろぼす。6月2日《がつふつか》、本能寺《ほんのうじ》で明智光秀《あけちみつひで》におそわれて自害《じがい》する。	6月《がつ》13日《にち》、明智光秀《あけちみつひで》、秀吉《ひでよし》に追《お》われる途中《とちゅう》、農民《のうみん》に刺《さ》され自害《じがい》する。

年齢《ねんれい》は数《かぞ》え年《どし》

解説《かいせつ》

なぜ信長《のぶなが》は殺《ころ》されたのか

楠木誠一郎《くすのきせいいちろう》

Q 織田信長《おだのぶなが》の最大《さいだい》の謎《なぞ》はなに？

こんなクエスチョンがあると、多《おお》くの人《ひと》が、こう答《こた》えるのではないでしょうか。

A なぜ信長《のぶなが》は殺《ころ》されたのか。

日本史《にほんし》のなかでも、「邪馬台国《やまたいこく》はどこにあった？」「東洲斎写楽《とうしゅうさいしゃらく》はだれ？」「坂本龍《さかもとりょう》馬《ま》を暗殺《あんさつ》したのはだれ？」とならぶミステリーといってもいいでしょう。

天正《てんしょう》10（1582）年《ねん》6月2日未明《がつふつかみめい》、織田信長《おだのぶなが》は本能寺《ほんのうじ》に宿泊《しゅくはく》しているところを、家臣《かしん》の明智光秀《あけちみつひで》におそわれて命《いのち》を落《お》としました。

なぜ光秀《みつひで》は本能寺《ほんのうじ》の変《へん》を起《お》こしたのでしょうか。

江戸時代以降《えどじだいいこう》、歴史学界《れきしがっかい》では、多《おお》くの学者《がくしゃ》によって論争《ろんそう》がくりひろげられてきました。

おもに、ふたつの説《せつ》が対立《たいりつ》してきました。

一、天下《てんか》をとりたかったとする「野望説《やぼうせつ》」

一、信長《のぶなが》をうらんでいたからだとする「怨恨説《えんこんせつ》」

さらに昭和時代後期《しょうわじだいこうき》から平成《へいせい》の時代《じだい》にかけては、光秀《みつひで》は利用《りよう》されただけで、背後《はいご》に黒幕《くろまく》がいたのではないかと、多《おお》くの説《せつ》が出《だ》されました。

一、三職推任問題《さんしょくすいにんもんだい》から「朝廷説《ちょうていせつ》」

一、いちばん得《とく》をしたからという理由《りゆう》で「羽柴秀吉説《はしばひでよしせつ》」

ほかにも、まだあります。

一、徳川家康説《とくがわいえやすせつ》

一、長宗我部元親説《ちょうそかべもとちかせつ》

一、堺の茶人説《さかいのちゃじんせつ》

一、イエズス会説《かいせつ》

などなど枚挙《まいきょ》にいとまがありません。

新《あたら》しい史料《しりょう》が出《で》てくるたびに新説《しんせつ》がさけばれるようになっているといっていいかもしれません。黒幕説《くろまくせつ》を横《よこ》において冷静《れいせい》に考《かんが》えるならば、やはり怨恨説《えんこんせつ》がいちばん自然《しぜん》だと思《おも》われます。

本文《ほんもん》にも書《か》きましたが、そもそも天才《てんさい》タイプの信長《のぶなが》と、秀才《しゅうさい》タイプの光秀《みつひで》は肌《はだ》が合《あ》わなかったはず。

しかも、日《ひ》ごろからいじめられていた光秀《みつひで》は恨《うら》みをためこんでしまっていたはず。

「おのれ、信長《のぶなが》！」と思《おも》っていたところ、信長《のぶなが》がわずかな手勢《てぜい》と本能寺《ほんのうじ》に宿泊《しゅくはく》することになったのです。しかも、家臣《かしん》のなかで勢力《せいりょく》のある羽柴秀吉《はしばひでよし》は中国地方《ちゅうごくちほう》でいくさの真《ま》っ最中《さいちゅう》で、京都《きょうと》にいちばん近《ちか》いところには自分《じぶん》がいる。「この機《き》をのがす手《て》はない。」と思《おも》ったのではないでしょうか。

信長《のぶなが》にしてみれば、運《うん》がなかった、ということになります。「天下布武《てんかふぶ》」をとなえ、「天下統一《てんかとういつ》」までもうすこしだったのに……。

天才《てんさい》で危険《きけん》な独裁者《どくさいしゃ》？

そんな信長《のぶなが》ですが、わたしは「天才《てんさい》で危険《きけん》な独裁者《どくさいしゃ》」という印象《いんしょう》をいだきつづけていました。

わかいころは「うつけ者《もの》」と評《ひょう》される言動《げんどう》をとりながらも、桶狭間《おけはざま》の戦《たたか》いでは「無謀《むぼう》」「危険《きけん》」といってもいいほどの少人数《しょうにんずう》で今川義元《いまがわよしもと》をほろぼし、長篠《ながしの》の戦《たたか》いでは、当時《とうじ》としては「非常識《ひじょうしき》」だった大量《たいりょう》の火縄銃《ひなわじゅう》で武田勝頼《たけだかつより》ひきいる騎馬軍団《きばぐんだん》をやぶって天才《てんさい》ぶりを発揮《はっき》しました。

将軍足利義昭《しょうぐんあしかがよしあき》が「織田信長包囲網《おだのぶながほういもう》」を張《は》ったように、ライバルたちからおそれられていました。邪魔《じゃま》だと思《おも》えば、弟《おとうと》をその手《て》で斬《き》ったり、家臣《かしん》を追放《ついほう》したりすることもありました。きっと家臣《かしん》たちからもおそれられていたことでしょう。だから「独裁者《どくさいしゃ》」のように見《み》えていたのです。

でも等身大《とうしんだい》の信長《のぶなが》を見《み》てみると、家臣《かしん》を信頼《しんらい》していくさをまかせています。

そんな大名《だいみょう》や武将《ぶしょう》は、ほかにもたくさんいるでしょう。

ただ、ほかの武将《ぶしょう》といちばんちがうところは――。

一、過去《かこ》の価値観《かちかん》にとらわれず、新《あたら》しいことにいどみつづけた。

一、「非常識《ひじょうしき》」とされることを「常識《じょうしき》」にかえていった。

一、古《ふる》いものをたたきこわし、新《あたら》しいものをきずいた。

だから「天才《てんさい》」に見《み》えるのです。

でも、信長《のぶなが》なりにちゃんと計算《けいさん》したうえでのことでした。桶狭間《おけはざま》の戦《たたか》いでは主力《しゅりょく》を休《やす》ませて体力《たいりょく》を温存《おんぞん》させていましたし、長篠《ながしの》の戦《たたか》いでは、いくさの前《まえ》に大量《たいりょう》の鉄砲《てっぽう》を調達《ちょうたつ》しています。ちゃんと準備《じゅんび》をしていたのです。等身大《とうしんだい》の信長《のぶなが》を見《み》れば――人並《ひとな》みになやんだでしょうし、人並《ひとな》み以上《いじょう》に努力《どりょく》もしたはずです。

でも努力《どりょく》しているように見《み》せませんでした。かえって天才《てんさい》のように見《み》せていました。

それは、なぜでしょう。

「なやんでいるところは見《み》せたくない！」

「努力《どりょく》をしているところを見《み》せるのはカッコ悪《わる》い！」

それが織田信長《おだのぶなが》という男《おとこ》のプライドだったのかもしれません。

信長《のぶなが》のあとをついで天下統一《てんかとういつ》を達成《たっせい》

織田信長《おだのぶなが》をめぐる歴史人物伝《れきしじんぶつでん》

豊臣秀吉《とよとみひでよし》

1537-1598年《ねん》

尾張《おわり》の国《くに》（現在《げんざい》の愛知県西部《あいちけんせいぶ》）の農民《のうみん》の子《こ》に生《う》まれ、18歳《さい》のとき、信長《のぶなが》に小者《こもの》として仕《つか》える。体《からだ》が小《ちい》さく、武器《ぶき》を使《つか》うのはけっして得意《とくい》ではなかったが、いくさに勝《か》つための戦法《せんぽう》を考《かんが》えること、人《ひと》を動《うご》かし、ものごとをうまく進《すす》めるにはどうしたらいいかなど、頭《あたま》を使《つか》うことにたけていた。

信長《のぶなが》はそういった秀吉《ひでよし》の能力《のうりょく》をみとめ、大事《だいじ》な仕事《しごと》をまかせた。秀吉《ひでよし》も期待《きたい》にこたえ、墨俣《すのまた》にすばやく築城《ちくじょう》し美濃《みの》ぜめに貢献《こうけん》したり、朝倉氏《あさくらし》・浅井氏《あざいし》とのいくさで手柄《てがら》を立《た》てたりして、急速《きゅうそく》に出世《しゅっせ》していった。

信長《のぶなが》は、秀吉《ひでよし》の夫婦《ふうふ》げんかを仲裁《ちゅうさい》したこともある。妻《つま》ねねをほめる手紙《てがみ》に、秀吉《ひでよし》にもこの手紙《てがみ》を見《み》せるようにと書《か》き、「天下《てんか》布武《ふぶ》」の朱印《しゅいん》をおしているのだ。

秀吉《ひでよし》は、謀反《むほん》によって信長《のぶなが》をたおした明《あけ》智光秀《ちみつひで》を討《う》つと、勢《いきお》いにのって信長《のぶなが》の跡《あと》つぎとなり、四国《しこく》、九州《きゅうしゅう》、関東《かんとう》、奥州《おうしゅう》を平定《へいてい》し、天下統一《てんかとういつ》をなしとげた。

信長《のぶなが》の同盟者《どうめいしゃ》のち
江戸幕府初代将軍《えどばくふしょだいしょうぐん》

徳川家康《とくがわいえやす》

1542－1616年《ねん》

三河《みかわ》の国《くに》（現在《げんざい》の愛知県東部《あいちけんとうぶ》）をおさめる小《ちい》さな大名《だいみょう》の松平家《まつだいらけ》に生《う》まれ、6歳《さい》から19歳《さい》まで、織田家《おだけ》、今川家《いまがわけ》の人質《ひとじち》となる。織田家《おだけ》の人質《ひとじち》だったとき、信長《のぶなが》と会《あ》ったという説《せつ》があるが、確《たし》かではない。初対面《しょたいめん》は、桶狭間《おけはざま》の戦《たたか》いで今川義元《いまがわよしもと》が討《う》ち死《じ》にし、人質《ひとじち》だった家康《いえやす》が解放《かいほう》された2年後《ねんご》、信長《のぶなが》と清須同盟《きよすどうめい》をむすんだときともいわれる。

永禄《えいろく》5（1562）年《ねん》にむすばれた清須《きよす》同盟《どうめい》は、天正《てんしょう》10（1582）年《ねん》に信長《のぶなが》が本能寺《ほんのうじ》で死《し》ぬまでつづいた。たがいの不可侵《ふかしん》を約束《やくそく》し、姉川《あねがわ》の戦《たたか》いでは家康《いえやす》がかけつけ、長篠《ながしの》の戦《たたか》いでは信長《のぶなが》がかけつけるというように、20年間攻守《ねんかんこうしゅ》をともにした。

そのあいだ、家康《いえやす》は信長《のぶなが》の命令《めいれい》のために息子《むすこ》をうしなうというつらい思《おも》いをすることもあった。けれども信長《のぶなが》をうらぎることはなかった。信長《のぶなが》の天下統一《てんかとういつ》によって、いくさがなくなると考《かんが》えていたのかもしれない。

信長《のぶなが》の死後《しご》、あとをついだ秀吉《ひでよし》を助《たす》けるが、秀吉《ひでよし》が亡《な》くなると、関ケ原《せきがはら》の戦《たたか》いで天下《か》をとる。そして江戸幕府《えどばくふ》を開《ひら》き、太平《たいへい》の世《よ》をきずいた。いっぽうで豊臣家《とよとみけ》をほろぼし、後顧《こうこ》のうれいを断《た》ったのだった。

秀吉《ひでよし》とならぶ
信長《のぶなが》家臣《かしん》の出世頭《しゅっせがしら》

明智《あけち》光秀《みつひで》

1528(?)-1582年《ねん》

美濃《みの》の国《くに》（現在《げんざい》の岐阜県南部《ぎふけんなんぶ》）の名門《めいもん》の一《いち》族《ぞく》とされるが、定《さだ》かではない。年齢《ねんれい》は信長《のぶなが》より5〜6歳年上《さいとしうえ》だと考《かんが》えられている。

美濃《みの》の国《くに》の城《しろ》をうばわれたあと、浪人生《ろうにんせい》活《かつ》を経《へ》て、越前《えちぜん》の国《くに》（現在《げんざい》の福井県北部《ふくいけんほくぶ》）の朝倉義景《あさくらよしかげ》に仕《つか》えたといわれる。その義景《よしかげ》をたよって都《みやこ》からのがれてきていた足利義昭《あしかがよしあき》の家来《けらい》になり、義昭《よしあき》と信長《のぶなが》の間《あいだ》をとりもったことがきっかけで、信長《のぶなが》にみこまれた。

儀式《ぎしき》や儀礼《ぎれい》をよく知《し》り、教養《きょうよう》が豊《ゆた》かであったことから、公家側《くげがわ》との交渉役《こうしょうやく》としても活躍《かつやく》した。また、政治《せいじ》と軍事《ぐんじ》の両面《りょうめん》に才《さい》能《のう》があり、秀吉《ひでよし》とともに勢力《せいりょく》の拡大《かくだい》に力《ちから》をつくし、きそいあうように出世《しゅっせ》した。とくに、中国《ちゅうごく》の毛利氏《もうりし》をせめるための土台《どだい》づくりとして、近畿地方《きんきちほう》の敵《てき》の城《しろ》を落《お》とすとき、丹波《たんば》（現在《げんざい》の京都府中部《きょうとふちゅうぶ》と兵庫県東部《ひょうごけんとうぶ》）攻略《こうりゃく》をほぼ完了《かんりょう》させるというめざましい活《かつ》躍《やく》をした。この功績《こうせき》で、丹波一国《たんばいっこく》の支配《しはい》をみとめられ、信長《のぶなが》の天下統一《てんかとういつ》は、まさにあと一歩《いっぽ》というところまでこぎつけていた。

本能寺《ほんのうじ》の変《へん》を起《お》こしたのは、ちょうどそのころのこと。なぜ主君《しゅくん》をうらぎったのか、その理由《りゆう》はいまでもなぞのままだ。

波乱《はらん》の人生《じんせい》を送《おく》った
当時《とうじ》随一《ずいいち》の美女《びじょ》

お市《いち》

?－1583年《ねん》

信長《のぶなが》の妹《いもうと》で、小谷《おだに》の方《かた》ともよばれる。政略結婚《せいりゃくけっこん》で浅井長政《あざいながまさ》に嫁《とつ》いだのは、20歳《はたち》か21歳《さい》のころ。信長《のぶなが》が浅井《あざい》をせめたとき、3人《にん》の娘《むすめ》とともに城《しろ》をぬけだし、織田家《おだけ》にもどった。信長《のぶなが》の死後《しご》、重臣《じゅうしん》で25歳年上《さいとしうえ》の柴田勝家《しばたかついえ》と再婚《さいこん》する。のちに秀吉《ひでよし》にせめいられ、勝家《かついえ》とともに自害《じがい》した。勝家《かついえ》は城《しろ》からにがそうとしたが、お市《いち》はことわったとつたわる。37年《ねん》ほどの人生《じんせい》だった。

信長《のぶなが》に寵愛《ちょうあい》された
天才少年《てんさいしょうねん》

森蘭丸《もりらんまる》

1565－1582年《ねん》

美濃《みの》の国《くに》の生《う》まれ。信長《のぶなが》の家臣《かしん》、森可成《もりよしなり》の三男《さんなん》。「蘭《らん》」は正《ただ》しくは「乱《らん》」と書《か》く。実名《じつめい》は成利《なりとし》。15歳《さい》で信長《のぶなが》の小姓《こしょう》となる。主《しゅ》君《くん》の身《み》の回《まわ》りの世話《せわ》をするだけでなく、家《か》臣《しん》たちとの橋渡《はしわた》し役《やく》という仕事《しごと》もした。

とてもかしこく、誠実《せいじつ》な人柄《ひとがら》だったため、信長《のぶなが》の信頼《しんらい》はあつく、ほかの大名《だいみょう》たちに自慢《じまん》するほどだったという。本能寺《ほんのうじ》の変《へん》でふたりの弟《おとうと》とともに討《う》ち死《じ》にした。

平手政秀《ひらてまさひで》 1492-1553年《ねん》

信秀《のぶひで》、信長《のぶなが》の2代《だい》に仕《つか》えた重臣《じゅうしん》。信秀《のぶひで》のもとで朝廷《ちょうてい》やほかの武将《ぶしょう》との交渉《こうしょう》につとめ、信長《のぶなが》が生《う》まれると、その教育係《きょういくがかり》となった。信長《のぶなが》は政秀《まさひで》の切腹《せっぷく》に心《こころ》をいため、政秀《せいしゅう》寺《じ》を建立《こんりゅう》した。寺《てら》は名古屋《なごや》に現存《げんそん》する。

柴田勝家《しばたかついえ》 1522(?)-1583年《ねん》

信秀《のぶひで》、信行《のぶゆき》(信長《のぶなが》の弟《おとうと》)、信長《のぶなが》に仕《つか》えた勇猛《ゆうもう》な武将《ぶしょう》。信長《のぶなが》の北陸《ほくりく》ぜめの中心人物《ちゅうしんじんぶつ》。本能寺《ほんのうじ》の変《へん》のときは、越後《えちご》の国《くに》(現在《げんざい》の佐渡《さど》をのぞく新潟県《にいがたけん》)の上杉景勝《うえすぎかげかつ》と対戦《たいせん》していたため、すぐに光秀《みつひで》征伐《せいばつ》に行《い》けなかった。

丹羽長秀《にわながひで》 1535-1585年《ねん》

信秀《のぶひで》の代《だい》から織田家《おだけ》に仕《つか》える。秀吉《ひでよし》、光秀《みつひで》らとともに各地《かくち》でいくさに出陣《しゅつじん》する。軍事《ぐんじ》と政治《せいじ》の両面《りょうめん》で信長《のぶなが》をささえる存在《そんざい》で、安土城築城《あづちじょうちくじょう》の責任者《せきにんしゃ》もつとめた。信長《のぶなが》の死《し》後《ご》の跡《あと》つぎ争《あらそ》いでは、秀吉《ひでよし》に味方《みかた》した。

ルイス・フロイス 1532-1597年《ねん》

ポルトガルに生《う》まれる。キリスト教《きょう》イエズス会《かい》の宣教師《せんきょうし》で、31歳《さい》で来日《らいにち》。京都《きょうと》で信《のぶ》長《なが》と会《あ》い交流《こうりゅう》が始《はじ》まり、その報告書《ほうこくしょ》はヨーロッパで広《ひろ》く読《よ》まれた。戦国時代《せんごくじだい》の日本《にっぽん》についての貴重《きちょう》な記録《きろく》『日本史《にほんし》』も書《か》いた。

浅井長政《あざいながまさ》

1545-1573年《ねん》

近江《おうみ》の国《くに》（現在《げんざい》の滋賀県《しがけん》）の大名《だいみょう》。妻《つま》は信長《のぶなが》の妹市《いもうといち》。古《ふる》くからの同盟者《どうめいしゃ》朝倉氏《あさくらし》と信長《のぶなが》が対立《たいりつ》すると朝倉氏《あさくらし》につき、姉川《あねがわ》の戦《たたか》いで負《ま》けても、本願寺《ほんがんじ》や延暦寺《えんりゃくじ》などと組《く》み信長《のぶなが》をせめたが、やぶれて29歳《さい》で自害《じがい》した。

足利義昭《あしかがよしあき》

1537-1597年《ねん》

室町幕府《むろまちばくふ》最後《さいご》の将軍《しょうぐん》。信長《のぶなが》の助《たす》けで将軍《しょうぐん》の座《ざ》につき、当時《とうじ》うしなわれていた将軍《しょうぐん》の権力《けんりょく》をとりもどそうとした。最大《さいだい》の敵《てき》は信《のぶ》長《なが》。毛利氏《もうりし》や武田氏《たけだし》らと信長《のぶなが》に対《たい》する包囲《ほうい》網《もう》をつくるが、やぶれてかなわなかった。

今川義元《いまがわよしもと》

1519-1560年《ねん》

遠江《とおとうみ》の国《くに》（現在《げんざい》の静岡県西部《しずおかけんせいぶ》）の周辺《しゅうへん》をおさめる東海道一《とうかいどういち》の大名《だいみょう》。松平氏《まつだいらし》と同盟《どうめい》をむすび、織田氏《おだし》と敵対《てきたい》した。政治的手腕《せいじてきしゅわん》もあり、領国《りょうごく》は拡大《かくだい》していたが、ほんのすこしの油断《ゆだん》から信長軍《のぶながぐん》に首《くび》をとられてしまう。

武田勝頼《たけだかつより》

1546-1582年《ねん》

信玄《しんげん》の死後《しご》、甲斐《かい》の国《くに》（現在《げんざい》の山梨県《やまなしけん》）の領主《りょうしゅ》となるが、となりあう織田氏《おだし》・徳川《とくがわ》氏《し》と対立《たいりつ》。北条氏《ほうじょうし》との同盟関係《どうめいかんけい》もうまくいかず、長篠《ながしの》の戦《たたか》いにやぶれたあとはしだいに追《お》いつめられ、滅亡《めつぼう》の道《みち》をたどる。

著者紹介
楠木誠一郎　くすのき せいいちろう
1960年、福岡県生まれ。高校生のとき邪馬台国ブームで古代史好きになる。大学卒業後に歴史雑誌の編集者となり、広い範囲の歴史をカバーするようになった。「タイムスリップ探偵団」シリーズのほか、『日能研クエスト　歴史人物伝 西郷隆盛』など、多くの著書がある。

画家紹介（カバー絵）
寺田克也　てらだ かつや
イラストレーター、漫画家。1963年、岡山県生まれ。ゲーム、アニメ、実写映画のキャラクターデザイン、小説のカバー、挿絵、漫画など、幅広い分野で活躍中。海外での仕事も多い。おもな著書に「西遊奇伝・大猿王」シリーズ、『寺田克也式ガソリン生活』、『絵を描いて生きていく方法？』、画集『DRAGON GIRL & MONKEY KING』などがある。

画家紹介（本文さし絵）
藤科遥市　ふじしな はるいち
イラストレーター、漫画家。1989年、愛知県生まれ。「楽しく読んで頭に残る」漫画をモットーに活躍中。おもな作品に『超ビジュアル！ 歴史人物伝 伊達政宗』（監修＝矢部健太郎）、『マンガでマスター 10 手話教室』（山田せいこ）などがある。

＊この作品は書き下ろしです。

監修――――――――山田邦和《やまだくにかず》（同志社女子大学教授）
人物伝執筆――――――八重野充弘《やえのみつひろ》
人物伝イラスト―――――黒須高嶺《くろすたかね》
口絵写真（肖像）―――――『織田信長像』狩野永徳筆 大徳寺蔵
画像提供：京都国立博物館
（花押）―――――名古屋市博物館
編集――――――――オフィス303

講談社 火の鳥伝記文庫　14

織《お》田《だ》信長《のぶなが》

楠《くすの》木《き》誠一郎《せいいちろう》 文

2018年6月20日　　第1刷発行

発行者――――――――渡瀬昌彦
発行所――――――――株式会社 講談社
東京都文京区音羽2-12-21　郵便番号112-8001
電話　編集（03）5395-3536
　　　販売（03）5395-3625
　　　業務（03）5395-3615

ブックデザイン――――祖父江 慎＋福島よし恵（コズフィッシュ）
印刷・製本――――――図書印刷株式会社
本文データ制作――――講談社デジタル製作

N.D.C. 289　190p　18cm
Printed in Japan
ISBN978-4-06-511875-7

講談社《こうだんしゃ》　火《ひ》の鳥《とり》伝記《でんき》文庫《ぶんこ》　新装版《しんそうばん》によせて

火《ひ》の鳥《とり》は、世界中《せかいじゅう》の神話《しんわ》や伝説《でんせつ》に登場《とうじょう》する光《ひかり》の鳥《とり》です。灰《はい》のなかから何度《なんど》でもよみがえり、永遠《えいえん》の命《いのち》をもつといわれています。

伝記《でんき》に描《えが》かれている人々《ひとびと》は、人類《じんるい》や社会《しゃかい》の発展《はってん》に役立《やくだ》つすばらしい成果《せいか》を後世《こうせい》に残《のこ》した人々《ひとびと》です。みなさんにとっては、遠《とお》くまぶしい存在《そんざい》かもしれません。

しかし、かれらがかんたんに成功《せいこう》したのではないことは、この本《ほん》を読《よ》むとよくわかります。

一生懸命《いっしょうけんめい》取《と》り組《く》んでもうまくいかないとき、自分《じぶん》のしたいことがわからないとき、そして将来《しょうらい》のことを考《かんが》えるとき、みなさんを励《はげ》ましてくれるのは、先《さき》を歩《ある》いていった先輩《せんぱい》たちの努力《どりょく》するすがたや、失敗《しっぱい》の数々《かずかず》です。火《ひ》の鳥《とり》はかれらのなかにいて、くじけずチャレンジする力《ちから》となったのです。

伝記《でんき》のなかに生《い》きる人々《ひとびと》を親《した》しく感《かん》じるとき、みなさんの心《こころ》のなかに火《ひ》の鳥《とり》が羽《は》ばたいて将来《しょうらい》への希望《きぼう》を感《かん》じられることを願《ねが》い、この本《ほん》を贈《おく》ります。

２０１７年《ねん》10月《がつ》

講談社《こうだんしゃ》

織田信長